JN271955

ファイナンスと確率

Finance and Probability

小林 道正 著

朝倉書店

はじめに

　ファイナンス（あるいは金融）に関わる人には，文科系も工学系も理学系の出身者もいるのだが．大学在学中あるいは卒業後も含めて両方の分野を深く学ぶことはなかなか難しい．

　本書は，このような現状を踏まえて，主として文科系出身者のために，ファイナンスで実際に使われる最低限の基礎的な数学をわかりやすく説明しようとした数学基礎講座である．理工系の出身者にしても，必要なすべての分野を学んできている場合はむしろ少ないであろうし，ファイナンスの基本的な説明も含んでいるので役に立つであろう．

　数学基礎講座といっても，どこで使われるかわからない数学を学習するのは興味も湧かないであろうし，わかりにくい．そのため，ファイナンスの題材を中心に据えて，必要な数学を学んでいくという構成にして，最後に数学の部分だけをまとめて復習できるようにしてある．

　文科系の出身者にとっても数学は本来それほど難しいものではない．ただ，基本的な概念を理解することを第一の目標とし，細かな論理の展開に惑わされないことが大事である．また，一気にすべてをわかろうとしない方がよく，ほかのところを学習すると前のところがわかってくることも多いことを忘れない方がよい．

　計算や図を描くにはコンピュータが役に立つが，本書では特定のコンピュータソフトを前提にはしていない．本書に出てくる計算や図は表計算ソフトや，数学ソフト，統計ソフトなどで計算したり図を描いたりして得られる（筆者自身は $Mathematica$ を使っている）．

　なお，本書での数値は特に断らない限り，有効数字は 6 桁で表しており，等号で結んでいるので，確かめるとき注意してほしい．

　この本は，ファイナンスときわめて関係が深い，確率論がテーマである．確率

論を学ぶときの注意点は，現実に観測される事実と，理論的な結果を明確に区別することである．計算や理論的な論証で得られたことを，現実の偶然現象の中で確認する作業が必要である．

　本書はその点がはっきりするように構成したつもりである．

2014 年 9 月

小林道正

目　次

第 1 章　投資理論と確率　　　　　　　　　　　　　　　　　　　　　1
　1.1　偶然性と必然性 1
　1.2　株価変動 (偶然現象) の中の規則性 (弱法則と強法則) 2

第 2 章　確率論の基礎　　　　　　　　　　　　　　　　　　　　　　8
　2.1　確率の基本性質 (確率の公理) 8
　2.2　条件付確率と乗法定理 11
　2.3　ベイズの定理 16
　2.4　ベイズの定理の応用例 18
　　2.4.1　真に病気である確率 18
　　2.4.2　裁判の証言の信頼性の確率 19
　　2.4.3　内閣支持と政党支持 20
　2.5　間違えやすい確率計算の例 21
　　2.5.1　不良品の個数に関する確率 21
　　2.5.2　ベルトランのパラドックス 22
　　2.5.3　モンティ・ホールの問題 26
　　2.5.4　3 囚人の 1 人が恩赦を受ける確率 29

第 3 章　確率論の基本　　　　　　　　　　　　　　　　　　　　　　34
　3.1　確率変数と確率分布 34
　3.2　累積分布関数 37
　3.3　確率分布の例 38
　　3.3.1　三角分布 38
　3.4　確率変数の平均・分散・標準偏差 41

- 3.4.1 確率変数の平均 (期待値) 41
- 3.4.2 確率変数の分散 42
- 3.4.3 確率変数の標準偏差 43
- 3.4.4 確率変数の独立性 46
- 3.5 2項分布 50
  - 3.5.1 2項分布の定義 50
  - 3.5.2 2項分布の平均 53
  - 3.5.3 2項分布の平均値と分散・標準偏差 54
- 3.6 ポアソン分布 54
  - 3.6.1 2項分布からポアソン分布へ 54
  - 3.6.2 ポアソン分布の例 57
  - 3.6.3 ポアソン分布の平均と標準偏差 59
- 3.7 いろいろな離散分布 62
  - 3.7.1 負の2項分布 62
  - 3.7.2 幾何分布 65
  - 3.7.3 超幾何分布 65
- 3.8 正規分布 66
  - 3.8.1 離散分布と連続分布 66
  - 3.8.2 正規分布とは？ 68
  - 3.8.3 標準正規分布 73
- 3.9 いろいろな連続分布 76
  - 3.9.1 一様分布 76
  - 3.9.2 指数分布 77
  - 3.9.3 コーシー分布 78
  - 3.9.4 ベータ分布 80
  - 3.9.5 ガンマ分布 81
- 3.10 大数の法則 82
  - 3.10.1 大数の弱法則 82
  - 3.10.2 大数の強法則 86
- 3.11 中心極限定理 88
  - 3.11.1 2項分布から正規分布へ 88

	3.11.2 特性関数	92

第4章 確率過程の基本 98

- 4.1 離散時間モデルとランダムウォーク 98
  - 4.1.1 ランダムウォーク 98
  - 4.1.2 偏りをもつランダムウォーク 100
- 4.2 マルコフ連鎖 102
  - 4.2.1 マルコフ連鎖の定義 102
  - 4.2.2 マルコフ連鎖の例 103
  - 4.2.3 チャップマン・コルモゴロフの等式 106
  - 4.2.4 マルコフ連鎖のサンプルパス 107
  - 4.2.5 マルコフ連鎖の状態の分類 108
- 4.3 マルコフ連鎖の周期と極限分布 110
- 4.4 連続時間モデルとブラウン運動 113
  - 4.4.1 マルコフ過程 113
  - 4.4.2 ブラウン運動 115

演習問題略解 121

索　　引 133

第1章　投資理論と確率

1.1　偶然性と必然性

必然的な現象, 必然性というのは,「一定の条件のもとでは, 結果が常に一定で定まっている」という現象である. 自然科学, 力学の法則等, 自然科学のほとんどは必然性に関する法則である.

これに対して, 偶然的な現象, 偶然性というのは,「一定の条件のもとで, 結果は何種類かに限定されるとはいえ, どの結果が生起するかは明確に予測することはできない」という現象である.

偶然的な現象は自然科学でもあるが, 特に経済学, ファイナンス理論等の社会科学では必然現象より多いといえる.

1ヶ月後の株価の値を予測できる人はいない. 1ヶ月後の株価が定まる間には実に多種多様な要因が働くからである. 突然起こる経済現象の変化や, 失業率の変化, 設備投資の額の変化, 総選挙による政権の交代, それに伴う政府の財政計画の変化, 金融政策, 金利の変化, 為替の変動, 等々, それらが関連し合って実際の株価の変動に反映されていくのである.

しかし, それらの実際の複雑な要因を無視して,「ランダムに変化している」と考えても大差ないと思われる変化が多い.

株価の短期的, 具体的な変化はそれぞれに理由があっても, 全体として見ると偶然現象と見る方が自然であるということが実際に起きているのである.

地震なども同様で, 地殻や地層の変化から次の地震がいつどこでどのような規模で起きるかを予測することは困難である. ランダムに起きていると考えて分析するのと大差ないことがわかっている.

偶然現象であると認識し, 偶然現象の中にある規則性を研究した方が実際の株

価の変動の分析には役に立つということはある．しかし，本書は，あるいはファイナンスと確率に関する本のほとんどは，株価の変動等のファイナンスに現れる量は，「偶然的に変化する」という前提で分析しようというのである．

偶然現象というのはまったくでたらめで，その変化は少しも予測できないようにも見える．しかし，そのような偶然現象にもいくつかの規則性はある．その規則性を一般的に調べるのが確率論である．したがって，株価の変動だけでなく，投資理論の内容は全体として確率論と深い関係にある．

この本は，偶然現象の一般論としての確率論にあまり接してこなかった人のために，ファイナンスに必要な確率の基本事項を紹介するのが目的である．

1.2 株価変動 (偶然現象) の中の規則性 (弱法則と強法則)

平均株価が上がったか下がったかなど，ある注目すべき結果が，起きたか (1 で表す) 起きなかったか (0 で表す) の 100 個の資料をながめてみる．1 人が 100 回行った試行の結果であると思ってもよい．

0, 1, 1, 1, 0, 0, 1, 1, 1, 1, 1, 0, 1, 0, 1, 0, 0, 1, 0, 0, 1, 1, 1, 0, 1, 1, 1, 1, 0, 0, 1, 1, 0, 1, 1, 0, 1, 0, 0, 0, 1, 1, 1, 0, 1, 0, 1, 0, 1, 0, 1, 0, 0, 0, 0, 0, 0, 0, 1, 0, 1, 1, 1, 0, 1, 1, 0, 0, 1, 1, 1, 0, 1, 1, 0, 0, 0, 1, 0, 0, 0, 1, 0, 0, 1, 1, 1, 1, 0, 0, 1, 0, 1, 1, 1, 0, 1, 1, 0

この数列を見てどのような規則性が見つかるか探そう，といっても実はこれだけでははっきりとした規則性は見えてこない．とりあえず 0 と 1 がいくつ現れているかを集計してみる．

0 の出た回数 $\cdots$ 46 回，　1 の出た回数 $\cdots$ 54 回

ほぼ 50 回と 50 回に近いように見えるがこれだけでは何ともいえない．もう少したくさんのデータをとる際に，0 と 1 の出方の規則性を調べるには，1 や 0 の出た回数そのものではなく，相対的な回数が必要になる．1 の出た回数が 80 回といっても，100 の中の 80 の場合と，1000 の中の 80 の場合ではまるで意味が

1.2 株価変動 (偶然現象) の中の規則性 (弱法則と強法則)

違ってくるからである．1 の出た回数をデータ全体の個数で割った値を**相対度数**あるいは**相対頻度**という．

$$1 \text{ の出た相対度数} = \frac{1 \text{ の出た回数}}{\text{データの個数}} \tag{1.1}$$

1 人のデータでは規則性ははっきりしないので 20 人のデータを集めてまとめてグラフに示す．まず，100 回の場合 (図 1.1 左) を見てみよう．

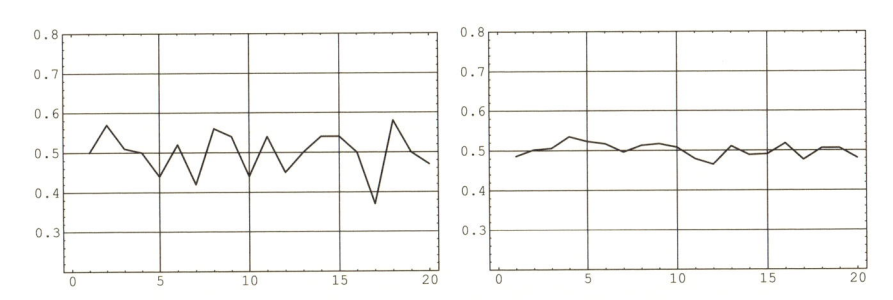

図 1.1: 100 回 (左) と 1000 回 (右) の試行の相対頻度の 20 人の違い

20 人とも相対頻度は 0.5 に近いがばらつきもある．この段階ではまだ，規則性ははっきりとは見えない．ここで，データの個数を 100 から 1000 に増やしてみる (図 1.1 右)．

これで規則性が見えてきたといえよう．試行の回数あるいはデータの個数を増やせば，ある事柄が起きる相対頻度はどの 20 人，あるいはどの 20 ケースの資料でも，0.5 に近いことがわかる．

きわめつけに 10000 個のデータをとってみよう (図 1.2)．これで規則性は誰の目にも明らかとなる．すなわち，データの数が多くなれば，ある事柄が起きる相対頻度は，どの場合 (20 人のどのデータでも) にも一定の値に安定してくる．

このような，**相対頻度の安定性**こそが確率論の基礎となるのである．このような形の安定性を，**大数の弱法則**という．これは，実在する偶然現象に見られる規則性である．

数学 (確率論) の理論展開から導かれる「大数の法則」と，名前は同じであるが，この段階での大数の法則というのは，現実にある偶然現象に見られる客観的法則のことである．

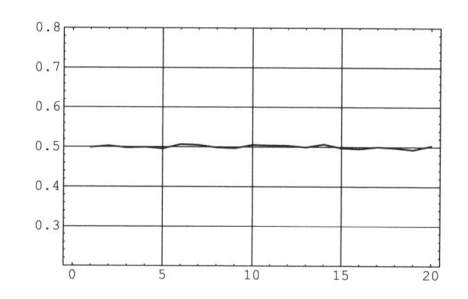

図 1.2: 10000 回の試行の相対頻度の 20 人の違い

相対頻度の安定性にはもう一つの形がある．今度は 1 人の試行回数を次第に増やしていったときの，ある事柄が起きる相対頻度の変化をたどってみる．200 回までと 2000 回までの相対頻度をグラフに描くと図 1.3 のようになる．

これが **大数の強法則** である．これも，実在する偶然現象に見られる規則性である．

後に，公理系から出発する数学の抽象的な理論展開でこれが表現され，記述できるのであるが．

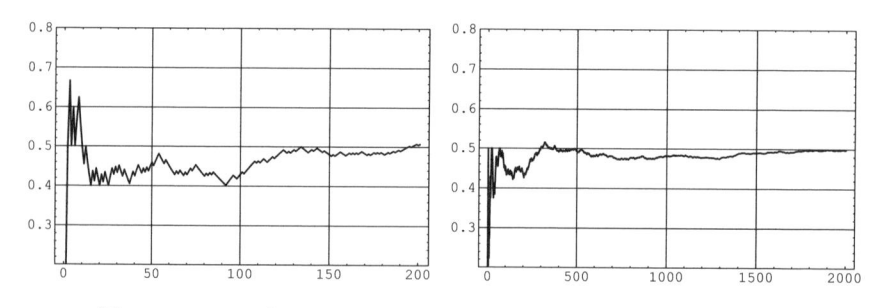

図 1.3: 200 回 (左) までと 2000 回 (右) までの試行の相対頻度の変化

大数の強法則では，回数を増やして行くと，相対頻度が一定の値に近づくのであるが，その近づき方は必ずしも単調ではなく，なかなか安定していかない例もたくさん出てくる．何人かの例を同時に表すと，全体としては一定の値に近づいていく様子がわかる．

投げる回数を増やし，10000 回投げた結果を 10 人まとめてグラフに描いてみ

1.2 株価変動 (偶然現象) の中の規則性 (弱法則と強法則)

ると次のようになる.

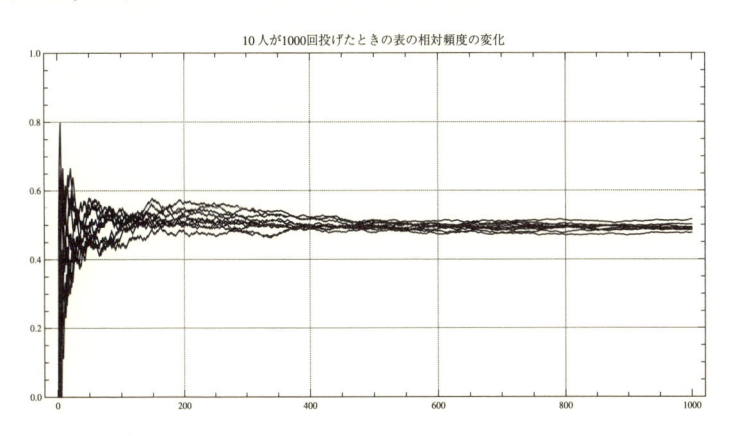

図 1.4: 10 人が 1000 回投げたときの相対頻度の変化

しかし，この場合でも，図示する範囲を少し狭くしてみるだけで，依然として 0.5 になかなか近づかない人がいることがわかる (図 1.5).

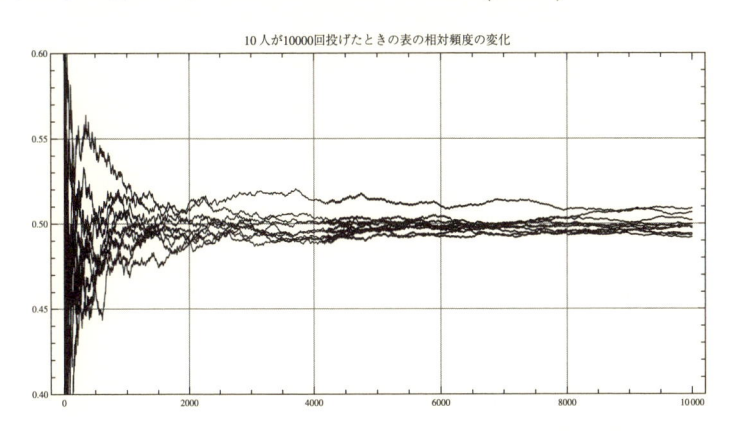

図 1.5: 10 人が 10000 回投げたときの相対頻度の変化

演習問題　1

[1] ある銘柄の株価が，上昇する確率が 0.5 であり，下落する確率が同じく 0.5 であるとする．この上下の変動を，硬貨を投げる実験でシミュレーションしてみよ．コンピュータソフトでシミュレーションしてもよい．

(1) 硬貨を 1 人で 50 回投げ，表の回数と裏の回数を記録せよ．

(2) (1) のシミュレーションを 20 人で行い，20 人の結果を記録せよ．

(3) 硬貨を 1 人で 200 回投げて，表の回数と裏の回数を記録せよ．

(4) (3) のシミュレーションを 20 人で行い，20 人の結果を記録せよ．

(5) (2) と (4) について，表の出た回数，裏の出た回数を，投げた回数で割って，表の出た相対頻度，裏の出た相対頻度を求めよ．

(6) 20 人が 50 回投げたときの表の出た相対頻度につき，20 人の最大値と最小値，およびその差を求めよ．裏の出た相対頻度についても同様の値を求めよ．

(7) 20 人が 50 回投げたとき，表の出た相対頻度の 20 人分のデータを，グラフに図示せよ．横軸に 1 人から 20 人をとり，各人のところへ縦軸は表の出た相対頻度をプロットし，20 人分を折れ線で結べ．

(8) 20 人が 200 回投げたとき，表の出た相対頻度につき，20 人の最大値と最小値，およびその差を求めよ．

(9) 20 人が 200 回投げたとき，表の出た相対頻度の 20 人分のデータを，グラフに図示せよ．横軸に 1 人から 20 人をとり，各人のところへ縦軸は表の出た相対頻度をプロットし，20 人分を折れ線で結べ．

(10) (7) と (9) から，どのような事実がわかるか．

[2] 均質で対象な立方体のサイコロを投げる実験をし，以下の問いに答えよ．コンピュータソフトでシミュレーションしてもよい．

(1) サイコロを一人 50 回投げ，⚀ の出た回数を記録せよ．

(2) (1) のシミュレーションを 20 人で行い，20 人の結果を記録せよ．

(3) サイコロを一人 500 回投げて，⚀ の出た回数を記録せよ．

(4) (3) のシミュレーションを 20 人で行い，20 人の結果を記録せよ．

(5) (2) と (4) について，⚀ の出た回数を，投げた回数で割って，⚀ の出た相対頻度を求めよ．

(6) 20 人が 50 回投げたとき，⊡ の出た相対頻度につき，20 人の最大値と最小値，およびその差を求めよ．

(7) 20 人が 50 回投げたとき，⊡ の出た相対頻度の 20 人分のデータを，グラフに図示せよ．横軸に 1 人から 20 人をとり，各人のところへ縦軸は表の出た相対頻度をプロットし，20 人分を折れ線で結べ．

(8) 20 人が 200 回投げたとき，⊡ の出た相対頻度につき，20 人の最大値と最小値，およびその差を求めよ．

(9) 20 人が 200 回投げたとき，⊡ の出た相対頻度の 20 人分のデータを，グラフに図示せよ．横軸に 1 人から 20 人をとり，各人のところへ縦軸は表の出た相対頻度をプロットし，20 人分を折れ線で結べ．

(10) (7) と (9) から，どのような事実がわかるか．

第2章 確率論の基礎

2.1 確率の基本性質 (確率の公理)

多数の資料, あるいは多数回の試行の結果において, 資料の数あるいは試行の回数を増やしていったとき, 相対頻度が近づいていく値を **確率** という. n 個の資料あるいは n 回の試行における, ある事柄 A の起きた回数を r, 相対度数を r_n で表すと, 確率は次のように表せる.

$$p = \lim_{n \to \infty} r_n = \lim_{n \to \infty} \frac{r}{n} \tag{2.1}$$

実際の作業として無限個の資料は得られないし, 無限回の試行も不可能である. 「それでは確率の値は定義できないではないか.」という疑問をもつ人も多いだろう. しかし, 例えば, きわめて多数回の試行による相対頻度が小数第2位では動かなくなる. その小数2位の値を採用すればよいのである. したがって, 実際に確率 p の値は多数の資料あるいは多数回の試行の結果から, 近似的な値を用いることになる. あるいは予測するといってもよい. 大事なことは資料の数や試行の回数を増やしていけば相対頻度が近づいていく値として予測することである.

偶然現象によって起こる結果で, その確率が考えられる事柄を **確率事象** あるいは単に **事象** という. すべての結果を合わせた事象を **全事象** あるいは標本空間といい, Ω で表す. 空集合を **空事象** といい, ϕ で表す.

事象 A または B が起きるという事象を A と B の **和事象** といい, $A \cup B$ と表す.

A かつ B が起きるという事象を A と B の **積事象** といい, $A \cap B$ と表す.

「A が起きない」という事象を A の **余事象** または **補事象** とい, A^c または $\overline{A}$ で表す.

2.1 確率の基本性質 (確率の公理)

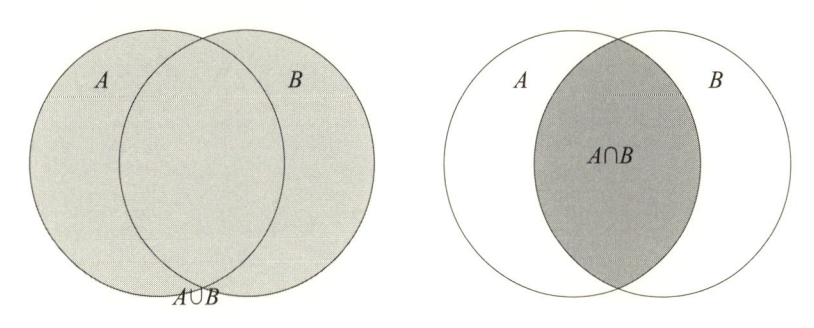

図 2.1: 和事象 $A \cup B$ と積事象 $A \cap B$

$A \cap B = \phi$ のとき, A と B は **排反事象** という.
$A \cap B^c$ を A から B を引いた **差事象** といい, $A - B$ と表す.

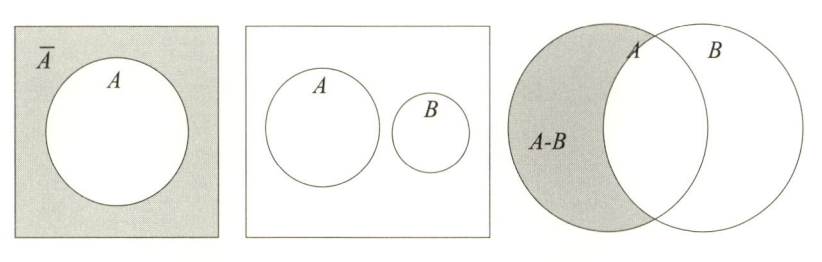

図 2.2: 余事象 A^C と排反事象 と差事象 $A - B$

このような事象の考え方や記号での表し方は,集合論の考えや表し方と同じである.数学の集合論を学んでいるとわかりやすい.集合論を学んだことがない人も,ここで改めて学ぶ必要はない.確率の展開に必要なことはその都度学んでいけばいいのであるから.

事象 A の起きる確率を $P(A)$ で表す.確率 $P(A)$ は多数のデータあるいは多数の試行の結果,事象 A が起こる相対頻度の極限として想定されているので次の式が成り立つ.

(P1) 確率は 0 と 1 の間の値をとる. $0 \leq P(A) \leq 1$
(P2) 全事象の確率は 1 である. $P(\Omega) = 1$
(P3) $A_i \cap A_j = \phi \ (i \neq j)$ のとき, $P(A_1 \cup A_2 \cdots) = P(A_1) + P(A_2) + \cdots$

ここで, 確率事象の条件をはっきりさせておくことが必要になってくる.「ある事柄が無限に起きる」というような事柄も確率事象になっていることが必要だからである. 確率事象の全体を $\mathcal{F}$ で表す.

(F1) $\Omega \in \mathcal{F}$

(F2) $A \in \mathcal{F}$ ならば, $A^C \in \mathcal{F}$

(F3) $i = 1, 2, \cdots$ に対して $A_i \in \mathcal{F}$ ならば $A_1 \cup A_2 \cup \cdots \in \mathcal{F}$

上の性質をもつものを **σ-加法族** という. (F3) において有限個の A_i にした場合を単に **加法族** という.

これらは,「確率が考えられるような事象」として当然もっているべき性質をあげているだけだと思えばよい. A の確率が考えられるなら,「A 以外の確率 A^C も考えられる, というのが (F2) の性質である.

(P1), (P2), (P3), (F1), (F2), (F3) をあわせて確率の基本性質というが, 同時に, この 6 個の性質をみたす $(\Omega, \mathcal{F}, P)$ があればそれは確率と考えてよいことにするという考えがありうる. そのためにこの 6 個の性質をまとめて **確率の公理** というのである. $(\Omega, \mathcal{F}, P)$ を **確率空間** という.

相対頻度から導かれた確率は上記の性質をもっているが, 上記の性質をもっているだけでは, つまり, $\Omega, \mathcal{F}, P$ というだけでは, 相対頻度の安定性ということは表せていないことに注意しなければならない.

つまり, 上記の「確率の公理」は, 確率の性質を記述してはいるが, 具体的な普通の硬貨を前にして, 表の確率と裏の確率が $\frac{1}{2}$ であるということを主張しているのではない.

一般的にも, 数学の公理というのは基本的にはこのように, 現実世界の基本性質を抽出し, 以後はこの性質だけを元にして議論を進めてみるという性格のものである.

以下, 確率計算に役立つ基本的な関係式を紹介する.

(1) $P(A^C) = 1 - P(A)$

これは, A が起こらない確率が, 1 から A が起こる確率を引いたものであることを意味している. この関係式は相対頻度の意味からすぐにわかるが, 公理系からも次のようにして容易に導くことができる.

$$1 = P(\Omega) = P(A \cup A^C) = P(A) + P(A^C) \tag{2.2}$$

(2) $P(A \cup B) = P(A) + P(B) - P(A \cap B)$

この式も相対頻度で考えると，A か B が起きた回数は，A が起きた回数と B が起きた回数から，A と B が同時に起きた回数に等しいから，これを試行の回数で割り相対頻度について同様の関係式が成り立つ．試行の回数を増やしていった場合の相対頻度が確率であるから，確率についてもこの性質が成り立つことがわかる．

この関係式を公理的に導くには次のようにすればよい．はじめに B を次のように排反事象の和に分解する．

$$B = (A^C \cap B) + (A \cap B) \tag{2.3}$$
$$P(B) = P(A^C \cap B) + P(A \cap B), \quad P(A^C \cap B) = P(B) - P(A \cap B) \tag{2.4}$$

また，$A \cup B$ を排反な2つの事象の和に分解する．

$$A \cup B = A + (A^C \cap B) \tag{2.5}$$
$$P(A \cup B) = P(A) + P(A^C \cap B) = P(A) + P(B) - P(A \cap B) \tag{2.6}$$

(3) A, B, C については次のようになる．

$$\begin{aligned} P(A \cup B \cup C) = &\, P(A) + P(B) + P(C) \\ &- P(A \cap B) - P(B \cap C) - P(C \cap A) + P(A \cap B \cap C) \end{aligned} \tag{2.7}$$

この関係式も同様に確かめることができよう．

2.2　条件付確率と乗法定理

　株価の変動を考える場合，現在の株価が前提となって，今後の株価の確率的な変動を分析できる．現在の株価という条件付でこれからの株価の確率が議論の対象となる．このように，一定の条件のもとで考える確率が **条件付確率** である．

条件付確率と乗法定理を理解するには, 袋に黒玉と白玉が入っていてそこから抽出する問題であると置き換えるとわかりやすい.

昨日までの株価があり, 昨日より今日値上がりした場合を ○ で表し, 値下がりした場合を ● で表すとしよう. 明日の株価の値についての確率が, 今日が ○ の場合と, 今日が ● の場合で異なることが考えられる.

例 2.1 袋に, 白玉が 3 個, 黒玉が 2 個入っている (状態 A). ここから玉を 1 個取り出し, 元に戻さないでもう 1 つ取り出す. 取り出した玉が黒玉のときは, 袋の状態は B の状態になり, 取り出した玉が白玉のときは, 袋の状態は C のようになる. 2 つめは B または C から取り出す. このような選び方を **非復元抽出** という.

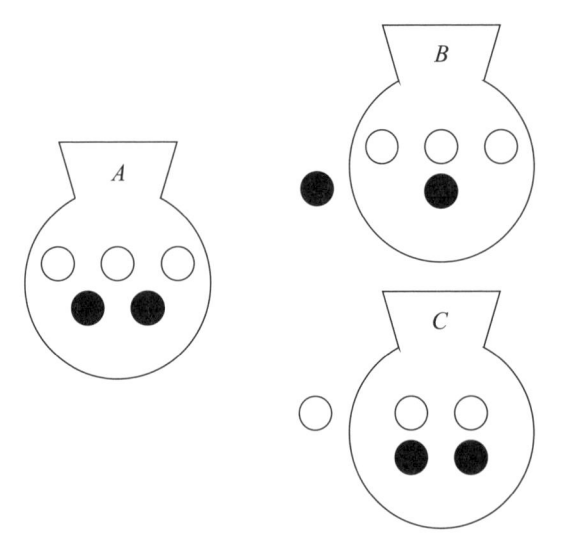

図 2.3: 1 回めに黒玉が出る場合と白玉が出る場合

(はじめの玉の色, 2 番目の玉の色) を 10 個記録すると例えば次のようになる.
{{ ●,○ },{ ○,● },{ ●,○ },{ ○,○ },{ ○,○ },
{ ○,● },{ ●,○ },{ ●,● },{ ○,○ },{ ○,● }}

はじめに黒玉が出た場合は $2+3=5$ 回でありその中で, 2 回目に白玉が出た相対頻度は, $\frac{3}{5}$ である. 5 回中の 2 回目に黒玉が出た相対頻度は $\frac{2}{5}$ である.

2.2 条件付確率と乗法定理

試行の回数を増やしていくとこれらの相対頻度は, B, C の状態になっている袋から 1 個の玉を取り出すときの, 白の出る確率, $P_B(\text{白}) = \frac{3}{4}$, 黒玉の出る確率, $P_B(\text{黒}) = \frac{1}{4}$ に近づいていく. これらの確率は, A の 1 回目の結果によって, B または C という新しい別の確率空間が対応することによる. ここでの確率を, はじめに白玉が出たという条件での **条件付確率** といい, $P_B(\bigcirc)$ あるいは, $P_{(1\,回目に\bigcirc)}(2\,回目に\bigcirc)$ と表す.

$(\bigcirc, \bigcirc)$ となる相対頻度は, はじめに $\bigcirc$ が出る相対頻度に, その中での 2 番目に $\bigcirc$ がでる相対頻度をかけて得られることから, 確率についても次の式が成り立つ. これを **乗法定理** という.

$$P((\bigcirc, \bigcirc)) = P(1\,回目に\bigcirc) \times P_{(1\,回目に\bigcirc)}(2\,回目に\bigcirc) \tag{2.8}$$

この結果を全体を 1 つの試行と考えるとき, 確率空間は次のようになる.

	$(\bigcirc_1, \bigcirc_2)$	$(\bigcirc_1, \bigcirc_3)$	$(\bigcirc_1, \bullet_1)$	$(\bigcirc_1, \bullet_2)$
$(\bigcirc_2, \bigcirc_1)$		$(\bigcirc_2, \bigcirc_3)$	$(\bigcirc_2, \bullet_1)$	$(\bigcirc_2, \bullet_2)$
$(\bigcirc_3, \bigcirc_1)$	$(\bigcirc_3, \bigcirc_1)$		$(\bigcirc_3, \bullet_1)$	$(\bigcirc_3, \bullet_2)$
$(\bullet_1, \bigcirc_1)$	$(\bullet_1, \bigcirc_2)$	$(\bullet_1, \bigcirc_3)$		$(\bullet_1, \bullet_2)$
$(\bullet_2, \bigcirc_1)$	$(\bullet_2, \bigcirc_2)$	$(\bullet_2, \bigcirc_3)$	$(\bullet_2, \bullet_1)$	

上 3 行の事象を S_1, 下 2 行の事象を K_1, 左 3 列の事象を S_2, 右 2 列の事象を K_2 とする. $S_1 \cap S_2$ は, (1 回目に白玉でかつ 2 回目も白玉) という事象を表す. これらの確率空間の記号を使うと, 乗法定理と条件付確率は次のように表せる. 一般にも定義される.

$$P(S_1 \cap S_2) = P(S_1) \times P_{S_1}(S_2) \tag{2.9}$$

$$P_{S_1}(S_2) = \frac{P(S_1 \cap S_2)}{P(S_1)} \tag{2.10}$$

定義 2.1 一般に確率空間 $(\Omega, \mathcal{F}, P)$ における, 事象 A の条件における事象 B の条件付確率は次のように定義される. 変形して乗法定理が得られる. $P(A) = 0$ のときは定義されない.

$$P_A(B) = \frac{P(A \cap B)}{P(A)} \tag{2.11}$$

$$P(A \cap B) = P(A) \times P_A(B) \tag{2.12}$$

事象 B が起きる確率と,事象 A が起きたという条件での事象 B の起きる確率すなわち条件付確率 $P_A(B)$ が等しい場合を考える.

$$P(B) = P_A(B) \tag{2.13}$$

このとき,B の起きる確率は A が起きても何ら影響されていない.このような場合に「B は A と独立である」という.

このとき乗法定理から次の式が成り立つ.

$$P(A \cap B) = P(A)P_A(B) = P(A)P(B) \tag{2.14}$$

この式を変形すると次のようになる.

$$P(A) = \frac{P(A \cap B)}{P(B)} \tag{2.15}$$

この式の右辺は B の条件での A が起きる条件付確率を表している.したがって次の式にまとめられる.

$$P(A) = P_B(A) \tag{2.16}$$

これは「A は B と独立である」ことを意味している.したがって,「A と B は独立である」と言ってよいことになる.また,A と B が独立であるとは $P(A \cap B) = P(A)P(B)$ が成り立つことと同値である.

A と B が独立のとき次の計算も成り立つ.

$$\begin{aligned}\frac{P(B)}{1} &= \frac{P(A \cap B)}{P(A)} = \frac{P(B) - P(A \cap B)}{1 - P(A)} \\ &= \frac{P(A^C \cap B)}{P(A^C)} = P_{A^C}(B)\end{aligned} \tag{2.17}$$

上の式の変形では,次の事実を使っている.

$$\frac{a}{b} = \frac{c}{d} \quad \text{のとき,} \quad \frac{a}{b} = \frac{c}{d} = \frac{a+c}{b+d} = \frac{a-c}{b-d} \tag{2.18}$$

すなわち,$P(B) = P_{A^C}(B)$ が成り立ち,A と B が独立のとき,A が起きても「A 以外 A^C」が起きても B の確率には変化がないことがわかる.

2.2 条件付確率と乗法定理

例 2.2 サイコロ投げにおいて, $A = \{$ 偶数の目 $\} = \{$ ⚁, ⚃, ⚅ $\}$, $B = \{5$ 以上の目 $\} = \{$ ⚄, ⚅ $\}$ とする. $P(B)$ と $P_A(B)$ は次のように等しくなる.

$$P(B) = \frac{2}{6} = \frac{1}{3}, \quad P_A(B) = \frac{P(A \cap B)}{P(A)} = \frac{P(⚅)}{P(\{⚁, ⚃, ⚅\})} = \frac{1}{3} \quad (2.19)$$

5 または 6 の目が出る確率は, 偶数が出たよと教えられても, 確率には変化がないことを意味している.

例 2.3 ある銘柄の株価が, 前の日に値上がりしていると次の日にさらに値上がりする確率は 0.4 であり, 値下がりする確率が 0.6 であるとする. また, 前の日に値下がりしたとき次のに日に値上がりする確率が 0.58 であり, 次の日に値下がりする確率が 0.42 であるとする. わかりやすく表すと次のようになっている.

```
                0.4 ── 値上がり                    0.58 ── 値下がり
    値上がり ⟨                        値下がり ⟨
                0.6 ── 値下がり                    0.42 ── 値上がり
```

(1) ある月に値上がりしたとき, その後 2 ヶ月連続して値上がりする確率は次のように計算できる.

$$P_{\{\text{値上がり}\}}(\{\text{値上がり}\}) \times P_{\{\text{値上がり}\}}(\{\text{値上がり}\}) = 0.4 \times 0.4 = 0.16 \quad (2.20)$$

(2) ある月に値下がりしたとき, その後 2 ヶ月連続して値上がりする確率は次のように計算できる.

$$P_{\{\text{値下がり}\}}(\{\text{値上がり}\}) \times P_{\{\text{値上がり}\}}(\{\text{値上がり}\}) = 0.42 \times 0.4 = 0.168 \quad (2.21)$$

以後 $\{$ 値上がり $\}$ を ○ で表し, $\{$ 値下がり $\}$ を × で表す.

(3) ある月に ○ であったとき, その後 ×○× となる確率は次のように計算できる.

$$P_○((×○×)) = P_○(×)P_×(○)P_○(×) = 0.6 \times 0.58 \times 0.6 = 0.2088 \quad (2.22)$$

(4) ある月に × であったとき, その後 3 回続けて ○ となる確率は次のように計算できる.

$$P_×((○○○)) = P_×(○)P_○(○)P_○(○) = 0.58 \times 0.4 \times 0.4 = 0.0928 \quad (2.23)$$

2.3 ベイズの定理

ベイズの定理というのはある事柄が起こったとき,それがどのような原因から生じたのかを確率的に表す定理である.ファイナンスで現れる実際問題に近い例で考えてみよう.

例 2.4 たくさんある銘柄の中で,毎月 1% の銘柄は「大幅下落」という分類に入るという規則性が観察されているとしよう.またある情報機関 F があり,ある特定の銘柄を告げると「大幅下落」に入るか否かの予測を教えてくれるとしよう.この情報機関 F の予測の的中率は 80% であることが過去のデータからわかっているとしよう.あるとき,銘柄 A について予測してもらったところ,「大幅下落するでしょう」と告げられた.この銘柄 A が F の予測通りに本当に大幅下落する確率はどのくらいであろうか.

このような確率を計算で出すのがベイズの定理であるが,ベイズの定理を知らないとして導き方を考えてみよう.

確率の問題を考える基礎は,「多数回の試行における相対頻度の近づいていく値」であることを活用すれば容易に求める方法がわかってくる.この問題での「多数回の試行」とは,「何回も,銘柄 A の株価を情報機関 F に予測してもらう」ということである.

例えば 100000 回予測してもらったとしよう.100000 回の中で,情報機関 F が「A は大幅下落する」と予測する場合を考えてみる.これには 2 通りの場合があり,(1)「本当に A が大幅下落して,F も正しく A が大幅下落すると予測した」という場合と,(2)「A は大幅下落しなかったが,F が間違って大幅下落すると予測した」場合である.

それぞれがどのくらい起きたかを計算すると,(1) となる場合はおよそ次の通りである.

$$100000 \times 0.01 \times 0.8 \qquad (2.24)$$

(2) となる場合はおよそ次の通りである.

$$100000 \times 0.99 \times 0.2 \qquad (2.25)$$

2.3 ベイズの定理

この両者を合わせたのが,「F が, A は大幅下落する」と予測する場合である. このような条件が成り立つ中で, 本当に A が大幅に下落するのは (1) の場合である. したがって,「F が, A は大幅下落すると予測したときに, 本当に A が大幅下落する場合の相対頻度」は次のようになる.

$$\frac{100000 \times 0.01 \times 0.8}{100000 \times 0.01 \times 0.8 + 100000 \times 0.99 \times 0.2} = \frac{0.01 \times 0.8}{0.01 \times 0.8 + 0.99 \times 0.2} = 0.0388350 \quad (2.26)$$

この値は回数を増やしたときの極限としての確率の値である. これが,「F が, A は大幅下落すると予測したときに, 本当に A が大幅下落する場合の確率」ということになる.

この計算方式を一般的に述べたのがベイズの定理である.「大幅に下落する事象」を一般に E_1 とし, その他の「大幅には下落しない事象」を E_2 とする.「F が A を下落すると予測する事象」を A とする. このとき,「F が A を下落すると予測したとき, 本当に A が下落するという条件付確率は次のように表せる.

$$P_A(E_1) = \frac{P(E_1)P_{E_1}(A)}{P(E_1)P_{E_1}(A) + P(E_2)P_{E_2}(A)} \quad (2.27)$$

これがベイズの定理である. 一般には次のように述べられる.

定理 2.1 $E_1, E_2, \cdots, E_n$ は互いに排反事象とし, 和集合は全事象とする.

$$E_1 \cup E_2 \cup \cdots \cup E_n = \Omega \quad (2.28)$$

このとき, $P(A) > 0$ となる事象 A についての条件付確率につき, 次の式が成り立つ.

$$P_A(E_i) = \frac{P(E_i)P_{E_i}(A)}{P(E_1)P_{E_1}(A) + P(E_2)P_{E_2}(A) + \cdots + P(E_n)P_{E_n}(A)} \quad (2.29)$$

公理系に基づく証明は簡単で次のようになる. はじめに全確率の定理ともいわれる次の式を導く.

$$P(A) = P(E_1)P_{E_1}(A) + P(E_2)P_{E_2}(A) + \cdots + P(E_n)P_{E_n}(A) \quad (2.30)$$

この定理の証明は簡単で，$A = \Omega \cap A = (E_1 \cup E_2 \cup \cdots \cup E_n) \cap A$ を次のように変形する．

$$A = (E_1 \cap A) \cap (E_2 \cap A) \cap \cdots \cap (E_n \cup A) \tag{2.31}$$

これらは排反事象の和であることと，各項 $P(E_i \cap A)$ を乗法定理で，$P(E_i)P_{E_i}(A)$ と変形すると全確率の定理が得られる．ベイズの定理は乗法定理と全確率の定理を使って次のように得られる．

$$\begin{aligned}P_A(E_i) &= \frac{P(E_i \cap A)}{P(A)} \\ &= \frac{P(E_i \cap A)}{P(E_1)P_{E_1}(A) + P(E_2)P_{E_2}(A) + \cdots + P(E_n)P_{E_n}(A)}\end{aligned} \tag{2.32}$$

2.4 ベイズの定理の応用例

2.4.1 真に病気である確率

体の調子が悪いので病院へ行って，ある病気の検査を受けた．この検査では，本当に病気の人を陽性と判断する確率は 0.8 で，病気でない人を陽性と判断する確率も 0.1 あるという．「あなたは陽性反応が出ました．」と言われたとき，「病気である確率は 0.8 と考えてよいか．」という問題である．

この検査の信頼性が 0.8 なのであるから，陽性と出た以上，0.8 の確率で病気になっているだろうから心配である，と考える人が多い．

しかし，この病気にかかる確率，この病気にかかっている人の割合がかなり低く，例えば，100 人に 1 人，0.01 程度であるとすると，陽性と出る確率はかなり低いはずであるというのがベイズの定理の結論である．

「陽性」という条件での「病気にかかっている」という，条件付確率は次のように計算される．

$$\begin{aligned}P_{(陽性)}(病気) &= \frac{P((病気) \cap (陽性))}{P(陽性)} \\ &= \frac{P((病気) \cap (陽性))}{P(((病気) \cap (陽性)) \cup ((病気でない) \cap (陽性)))}\end{aligned}$$

$$= \frac{P((病気)) \times P_{(病気)}((陽性))}{P(((病気) \cap (陽性))) + P(((病気でない) \cap (陽性)))}$$

$$= \frac{P((病気)) \times P_{(病気)}((陽性))}{P((病気)) \times P_{(病気)}((陽性)) + P((病気でない)) \times P_{(病気でない)}((陽性))}$$

$$= \frac{0.01 \times 0.8}{0.01 \times 0.8 + 0.99 \times 0.1}$$

$$= 0.0747664 \fallingdotseq 0.075 = 7.5\% \tag{2.33}$$

この結果は，検査結果が陽性だとしても，この病気にかかっている確率は，7.5%と，意外に小さいことを示している．

これは，何万人も検査し，陽性と出た人だけを集めてみて，その中で本当にこの病気にかかっている人はほぼ 7.5% であることを意味している．

しかし，病気でないのに陽性と判断する確率が，1% つまり，0.01 と小さくなると，上記の，陽性という検査結果が出たとき本当に病気にかかっている確率は，0.45 (45%) と大きくなってしまう．

2.4.2 裁判の証言の信頼性の確率

よく引き合いに出される例であるが，弁護士，検察官，裁判官等，関係者が確率やベイズの定理についての十分な理解がないと法廷が混乱する例である．

ある町での出来事である．ある雨の日の夜，タクシーが人身事故を起こしてしまった．目撃者の証言が得られたのであるが，その信憑性に関する問題である．

その晩その町には青色のタクシーが 3 割，黄色のタクシーが 7 割走っていたという記録がある．この目撃者は「事故を起こしたのは青色のタクシーであった」と証言したのである．

この目撃者の判断能力を調べるために，同じ状況でテストを繰り返したところ，「青色のタクシーを正しく青色と判断できる確率は 0.8 であった．また，黄色のタクシーを正しく黄色と判断できる確率は 0.6 であった．目撃者が「青色」と判断したのいう条件での，「本当に青色のタクシーであった」という条件付確率は次のように計算される．「ほんとは青」を単に「青」と表記し，「ほんとは

黄色」を単に,「黄」と記している.

$$
\begin{aligned}
&P_{(\text{青と判断})}(\text{青})\\
&= \frac{P((\text{青と判断}) \cap (\text{青}))}{P(\text{青と判断})}\\
&= \frac{P((\text{青と判断}) \cap (\text{青}))}{P(((\text{青}) \cap (\text{青と判断})) \cup ((\text{黄}) \cap (\text{青と判断})))}\\
&= \frac{P((\text{青})) \times P_{(\text{青})}((\text{青と判断}))}{P(((\text{青}) \cap (\text{青と判断}))) + P(((\text{黄色}) \cap (\text{青と判断})))}\\
&= \frac{P((\text{青})) \times P_{(\text{青})}((\text{青と判断}))}{P((\text{青})) \times P_{(\text{青})}((\text{青と判断})) + P((\text{黄})) \times P_{(\text{黄})}((\text{青と判断}))}\\
&= \frac{0.3 \times 0.8}{0.3 \times 0.8 + 0.7 \times 0.4}\\
&= 0.461538 \fallingdotseq 0.46 = 46\%
\end{aligned}
\tag{2.34}
$$

この目撃者の証言の信頼性は約 50%であることを念頭に裁判を行わなければならない.

しかし, この目撃者の判断の検査結果で, 黄色を青と誤って判断する確率が, 0.1 と, 小さくなると, 上記の証言の信頼性の確率は, $0.774194 \fallingdotseq 0.77 = 77\%$ と高くなる.

2.4.3　内閣支持と政党支持

話を簡単にするために, 自民党と民主党しかないとする. 他の党には申し訳ないが.

安倍内閣を支持する人の中で民主党支持する人がどのくらいいるかという問題である.

自民党の支持率が 0.55(55%) であり, 民主党の支持率が 0.45(45%) であるとする. 自民党支持者の中で, 安倍内閣を支持するという人が 0.8(80%) とする. 民主党支持者の中で, 安倍内閣を支持するという人が 0.6(60%) いるとする. 街中である人に「安倍内閣を支持しますか」とインタビューした. この人が自民党支持者である確率はどのくらいであろうか.

「安倍内閣を支持する」という条件での，「自民党を支持する」という．条件付確率を求める課題である．

$$
\begin{aligned}
&P_{(安倍支持)}(自民支持) \\
&= \frac{P((自民支持) \cap (安倍支持))}{P(安倍支持)} \\
&= \frac{P((安倍支持) \cap (自民支持))}{P(((自民支持) \cap (安倍支持)) \cup ((民主支持) \cap (安倍支持)))} \\
&= \frac{P((自民支持)) \times P_{(自民支持)}((安倍支持))}{P(((自民支持) \cap (安倍支持))) + P(((民主支持) \cap (安倍支持)))} \\
&= \frac{P(自民支持) P_{自民支持}(安倍支持)}{P(自民支持) \cdot P_{(自民支持)}(安倍支持) + P(民主支持) \cdot P_{(民主支持)}(安倍支持)} \\
&= \frac{0.55 \times 0.8}{0.55 \times 0.8 + 0.45 \times 0.6} \\
&= 0.619718 \fallingdotseq 0.62 = 62\% \quad\quad\quad\quad (2.35)
\end{aligned}
$$

安倍内閣を支持する人でも，自民党を支持する人は6割ちょっとしかいないということである．

これが，民主党支持者の中で安倍内閣を支持する人が0.2などと小さくなると，安倍内閣を支持する人で，自民党を支持する人は8割を超えてくる (83%)．

2.5 間違えやすい確率計算の例

確率の問題は，他の数学の問題と違って，合っているのか間違っているのかがわかりにくい，という印象をもっている人が多い．確かにその傾向はあるのだが，「多数回の試行」を想定してみることで正しい問題の構造が見えてくることが多い．

2.5.1 不良品の個数に関する確率

農作物や工業製品等で，ある製品の山があって，不良品の含まれている確率が0.1あったとしよう．この製品の山から6個の作物 (製品) をセットにして箱詰

めにして出荷する．6個のセットの中に，不良品が少なくても1個含まれている確率を求めてみよう．「少なくとも1個」ということを分類してみると，不良品の数が，1個の場合，2個の場合，3個の場合，4個の場合，5個の場合，6個の場合がある．これらの確率を個別に求めて加えればよいのであるが，面倒である．

こういうときには，「少なくとも1個」の反対の事象，余事象を考えればよい．「少なくとも1個不良品」の反対の事象，つまり余事象は，「すべて良品」という事象である．このような場合，「少なくとも1個」の確率は次のように求められる．

$$
\begin{aligned}
P(少なくとも1個不良品) &= 1 - P(すべて良品) \\
&= 1 - (P(良品))^6 \\
&= 1 - (1 - P(不良品))^6 \\
&= 1 - (1 - 0.1)^6 \\
&= 1 - 0.9^6 \\
&= 1 - 0.531441 \fallingdotseq 0.47 \quad (2.36)
\end{aligned}
$$

同じ構造の問題としては，「下手な鉄砲も数撃てば当たる」ということわざの場合で，1回1回は的を射る確率が0.1と小さくても，20回もやると，「少なくとも1回当たる確率は次のようになり，かなり大きくなる．

$$1 - P(20回すべてはずれ) = 1 - 0.9^{20} = 0.878423\ldots \fallingdotseq 0.878 = 87.8\%$$

「少なくとも1回は当たる」確率がかなり高い値になる．

2.5.2　ベルトランのパラドックス

ベルトラン (Joseph Louis Francois Bertrand, 1822-1900) はフランスの数学者であった．彼は，著書 "Calcul des probabilites" (1888) において，確率変数を生じさせる機構や方法が明確に定義されていない限り，確率は定義できない，ということを述べている．

それは次の例で示されている．

2.5 間違えやすい確率計算の例

「平面上の円に任意に (ランダムに) 弦を引くと, 弦の長さが, この円に内接する正三角形の弦の長さより長くなる確率はどのくらいか.」

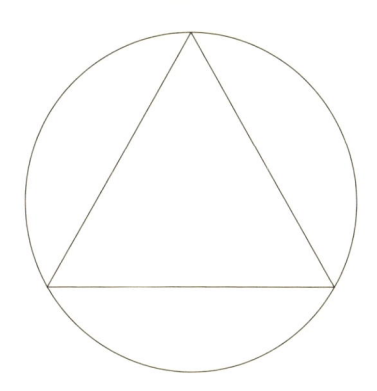

図 2.4: 円に内接する正三角形

円の半径を 1 とすると, この円に内接する正三角形の 1 辺の長さは $\sqrt{3}$ となる.

さて, 問題は,「任意に弦を引く」あるいは「ランダムに弦を引く」という作業である. これだけでは具体的な作業が行えない.

「確率」という数値が定まるためには,「どのような偶然性の実験を想定しているか」を明確にしなければならない.

画鋲を投げて針が上を向く場合の確率でも, 固い板の上で投げる場合と, 柔らかい布の上で投げる場合では針が上を向く相対頻度, 確率は異なった値になってくる.

これと同じで, ランダムに弦を引くという具体的操作は, 直ちには明確でない.

はじめに自然に考えられるのは次のような操作である. それぞれについて確率を求めていこう.

(1) 一本の直径を定めて, その直径上にランダムに点をとってその点に垂直な弦を引く場合. これは, 直径上に一様な分布を想定し, 一様な分布からランダムに点をとることである.

半径が 1 の場合, 直径の x 座標が, $-0.5 < x < 0.5$ のときに弦の長さが内接する正三角形の 1 辺より長くなるので,「弦の長さが内接する正三角形の 1 辺より長くなる確率は $\frac{1}{2}$ となる.

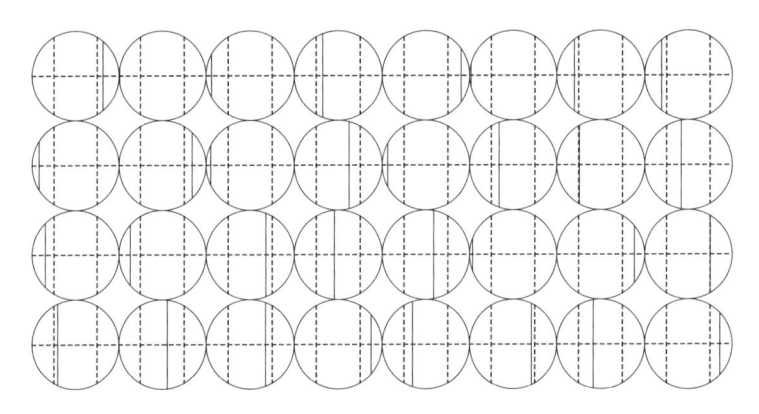

図 2.5: 直径上に一様に分布する点から弦を引く場合

(2) 円周上の点をランダムにとる，つまり，円周上に一様に分布する点から定まった直径に弦を引く場合．図のような操作になる．

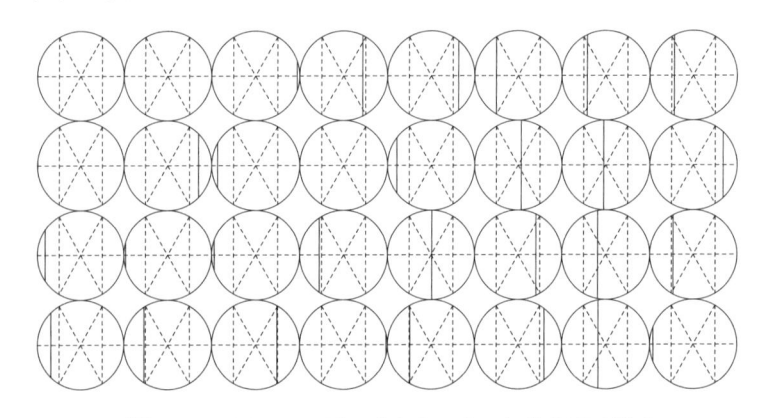

図 2.6: 円周上に一様に分布する点から弦を引く場合

この場合は，弦の長さが内接する正三角形の 1 辺より長くなるのは，半円の上に半円を 3 等分する点の真ん中の部分から直径に垂線を下した場合なので，その確率は，$\frac{1}{3}$ となる．

(3) 円周上の 1 点における接線に対し，接線となす角を平等に一様分布するように角度を定めて弦を引く場合．

2.5 間違えやすい確率計算の例

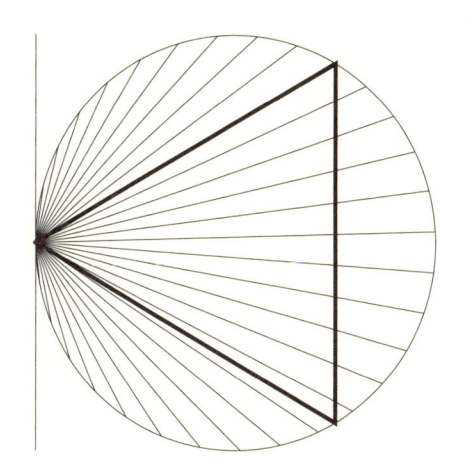

図 2.7: 接点・接線を基準に弦を引く場合

この場合も，角度は 180 度の中での 30 度であるから，確率は $\frac{1}{3}$ となる．

(4) 今度は弦の中点に着目する．中点が原点から $\frac{1}{2}$ より離れていれば弦の長さは内接する正三角形の 1 辺より長くなる．弦の中心が原点から $\frac{1}{2}$ より近くにくるのは，半径が $\frac{1}{2}$ の円の内側にあるとき．このような範囲に来る確率は，面積で評価して，$\frac{1}{4}$ であることになる．

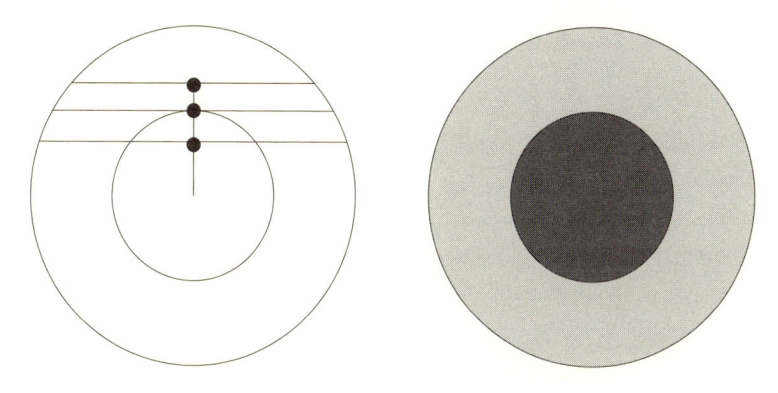

図 2.8: 弦の中点に着目する場合

このように，「任意に弦を引く」「ランダムに弦を引く」といっても，その引き

方を明確にしなければならず, ランダム性を定める操作, 実験方法により, 確率はいろいろな値をとるのである.

(5) これまで 3 通りの確率になったが, 実は, 次のような操作, 実験を考えると, 確率はどのようにも定められるのである. 左側の点から角度を一様に分布して弦を引くのである.

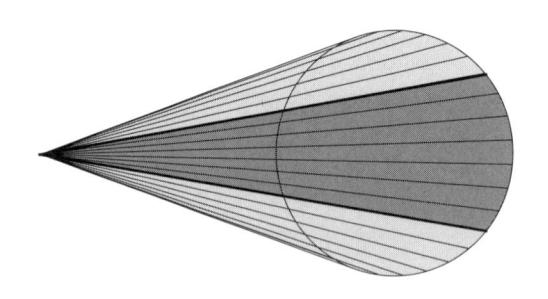

図 2.9: 円の外側の点を基準に弦を引く場合

濃い影の部分と薄い影の部分の境界が, 円に内接する正三角形の弦になる場合である. この操作・試行・実験方法での確率は 0.62 から 0.5 までの値を自由に取れる.

2.5.3 モンティ・ホールの問題

Monty Hall はペンネームであり, 本名は Monte Halper で, カナダ生まれテレビの司会者 (俳優, 歌手, スポーツキャスター) であるが, 彼を有名にしたのは Let's Make a Deal というテレビのクイズ番組であった.

はじめは 1963 年から 1968 年まで, 1968 年から 1976 年に別の局で, 1976 年から 1977 年, 最後は 1990 年から 1991 年にかけて放映された.

共通しているのは, 最後に残った挑戦者に次のような賭けをさせるというもの.

(1) 3 つの部屋があり, 1 つには賞品 (高級車など) が入っている.

(2) もちろん, どの部屋に商品が入っているか, 挑戦者にはわからない. モンティ・ホール自身は知っている.

2.5 間違えやすい確率計算の例

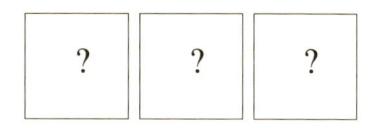

(3) 挑戦者が 1 つの部屋を選択する．
(4) モンティ・ホールは残りの 2 部屋のうち，商品が入っていない部屋を開けて見せる．

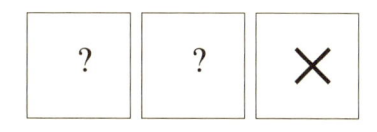

(5) 挑戦者はこの時点で，最初に選んだ部屋を変更することができる．
(6) 最初に選んだ部屋のままにしておいた方が得か，別の部屋に変更した方が得か．

という問題である．

この問題に，アメリカでコラムニストとして有名だったマリリン・ボス・サバント (Marilyn vos Savant, 1946-) が，読者から寄せられた様々な質問に彼女が答えるコラム「マリリンに聞く (Ask Marilyn)」を 1986 年から米紙「パレード」に連載していた．1990 年に，マリリンが，「モンティ・ホール問題」について，「選択を変更した方が 2 倍得である」と解説した．これがきっかけになって，アメリカで大論争になった．有名な数学者までが論争に加わった．

この問題は，問題の設定をはっきりさせればそれほど難しいものではないが，問題の設定がはっきりしないと正しい答えが確定できない．普通は問題の設定は，次のようにする．

(1) はじめに選んだ部屋を変更しない場合に当たる確率
(2) はじめに選んだ部屋を必ず変更するとした場合に当たる確率

をそれぞれ求めればよいという設定である．

「モンティ・ホール問題」を学校の授業で取扱い，生徒に議論させたり，実験させたりする先生が増えている．実際の授業を見せてもらったこともあるが，実験を少し始めれば，生徒は自然と「変更した方が有利」であることが直感的にわ

かってしまう場合が多い．あるいは，実験する前からこの問題の構造を理解していまい，「変更した方が有利」とわかってしまう生徒もいる．

念のため一応の解説をしておこう．

はじめに，(1)「はじめに選んだ部屋を変更しない場合に当たる確率」であるが，この確率は，「はじめに商品が入った部屋を選択する確率」と同じであるから，$P(当たる) = \frac{1}{3}$ であることは容易に理解できるであろう．

問題は (2)「はじめに選択した部屋を変更するとき当たる」という事象である．「変更して当たる」ということは，「はじめにはずれを引いておく」ということと同じである．大前提が，「選択を必ず変更する」という設定であるから．この設定のもとでは，

$$P(変更して当たる) = P(はじめにはずれを引いておく) = \frac{2}{3} \qquad (2.37)$$

となるのである．

読者はこれですっきり理解できただろうか．すっきりしない方は問題の設定がはっきりしていない場合が多い．

$\frac{1}{2}$ となる確率になる場合は次のような場合である．例えば，はじめの方の状況設定を無視して，モンティ・ホールがはずれの部屋を開けて，「さあ，最初選んだ部屋のままか，もう一つの部屋にするか」という時点で登場した人がいたとしよう．挑戦者がこの時点で頭脳明晰な友人を呼びいれて，「どちらの部屋にしようか？」と尋ねたという場合などである．

この時点で呼ばれた友人がどちらの部屋を選択するか，挑戦者がはじめにどの部屋を選択したかにかかわらず，賞品が入っている部屋を選択する確率は，$\frac{1}{2}$ となるのである．こういう設定で多数回の実験をすれば，友人が当たりの部屋を選択する確率は $\frac{1}{2}$ となる．アメリカで議論になったのはこういう場合の確率と，最初の設定での確率の違いであった．

確率というのは，やはり，どのような実験を設定するかで定まってくる値である．設定が異なれば確率の値も異なってくるのである．

2.5 間違えやすい確率計算の例

2.5.4 3囚人の1人が恩赦を受ける確率

3囚人問題 (Three Prisoners problem) は, 1959年, マーティン・ガードナー (Martin Gardner, アメリカの数学者・著述家, 1914-2010) によって紹介された.

3人の囚人 A, B, C, は死刑が確定していた. ところが国を挙げてのおめでたいことがあり, 3人のうち1人は恩赦になることが決まった. 誰が恩赦の恩恵にあずかるかは死刑執行の直前に, 法務大臣が3本のくじ (A, B, C, が記入してある) から1本を引いて決める. それはすぐに看守に知らされる. つまり, この時点で, 看守は誰が恩赦になり, 残り2人は予定通り死刑が執行されることを知っている.

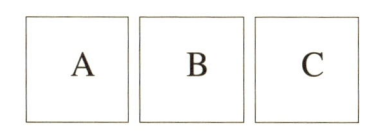

$$\boxed{A} \quad \boxed{B} \quad \boxed{C}$$

法務大臣がくじを引く前に, 囚人の A は,「3人のうち1人が恩赦になるが, どのくじが引かれるかは平等なので, 自分が恩赦になる確率は, $\frac{1}{3}$ である」と考えた.

これは普通のまともな考えである.

しばらくして看守に法務大臣がくじを引いた結果, すなわち誰が恩赦になるかが知らされた.

囚人 A は,「看守よ, B か C のどちらかは予定通り死刑になるのだから, 死刑になる人を1人教えてくれてもいいではないか.」と頼み込んだ. 看守は,「A の要望ももっともだ, 教えても問題ないだろう.」と考えた.

(1) B が恩赦になる場合には, 看守は,「C が死刑」と言わなければならない.

(2) C が恩赦になる場合には, 看守は「B が死刑」と言わなければならない.

(3) A が恩赦になる場合には, B と C のどちらかを死刑であると A に伝えなければならない. どちらを選んで伝えるかで, 硬貨を投げて表なら「B が死刑」と A に告げ, 裏が出たら「C が死刑」と A に伝えることとする.

さて, これらの前提条件を明確にしたうえで, 看守は,「B は死刑になるよ」と, A に告げてやった.

| A | × | C |

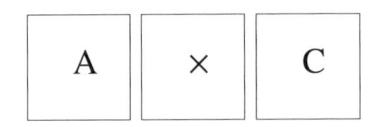

　これを聞いた囚人 A は,「B が死刑ということは, 恩赦になるのは自分か C かのどちらかになるということだから, 自分が恩赦になる確率は $\frac{1}{2}$ になる.」と判断した. 恩赦になる確率が, $\frac{1}{3}$ から $\frac{1}{2}$ に増えたのだと考え, 大喜びしたというのである.

　はたして本当に A が恩赦になる確率が大きく変化したのだろうか.

　という問題である. 直感的には囚人 A が考えたように, 恩赦になるのは A か C のどちらかになったのだから A が恩赦になる確率は $\frac{1}{2}$ と考えるのが自然であるように考える人が多いだろう.

　しかし, 看守が「B は死刑」と告げた中身を検討してみると, そうではないことがわかってくる.

　確率に関する微妙な問題に出会ったとき役に立つのは,「確率は多数回の試行の相対頻度の安定していった値である」ことを思い起こし, 多数の試行を思考実験してみればよいのである.

　法務大臣が「A, B, C のどれを引くか」は平等であり多数回, 例えば 300 回引いたとする. すると, A が 100 回, B が 100 回, C が 100 回に近い回数選ばれる. 相対頻度は $\frac{1}{3}$ に近くなっていくのだから.

　この中で, 看守が「B は死刑と告げる場合」を分析してみると次の 2 通りがあることがわかる.

　(1) の B が 100 回の場合, すなわち, B が恩赦になる場合は,「B が死刑と告げることはありえない」

　(2) の C が 100 回の場合, すなわち, C が恩赦になる場合は, 必ず, 100 回とも,「B は死刑と告げる」ことになる.

　(3) の A が 100 回の場合, すなわち A が恩赦になる場合は,「B は死刑」と告げる場合と,「C は死刑」と告げる場合とは, コインの裏表で決めるので, ほぼ, 50 回と 50 回である.

　「B は死刑だよ」と A に告げる場合に, 内実はこのように, (2) の 100 回と, (3)

2.5 間違えやすい確率計算の例

の50回,合わせて150回あることがわかる.

これが条件になって,この条件下で,「Aが恩赦」という場合がどのくらいあるかということになる.

「Aが恩赦」となる場合は, (3) の場合の50回だけである.すなわち,「Bが死刑と聞いて, Aが恩赦になる確率は $\frac{50}{150} = \frac{1}{3}$
となる.結果的には,看守から「Bは死刑」という情報を得ても,自分が恩赦になる確率は変わらなかったことになる.

以上の思考を式で表現すると次のようになる.「Aは恩赦」を AO で表し,「Bは恩赦」を BO,「Cは恩赦」を CO で表す.「Bは死刑と告げる」を BS,「Cは死刑と告げられる」を CS で表す.

$$\begin{aligned}
P_{BS}(AO) &= \frac{P(BS \cap AO)}{P(BS)} \\
&= \frac{P(AO) \cdot P_{AO}(BS)}{P(AO \cap BS) + P(BO \cap BS) + P(CO \cap BS)} \\
&= \frac{P(AO) \cdot P_{AO}(BS)}{P(AO) \cdot P_{AO}(BS) + P(BO) \cdot P_{BO}(BS) + P(CO) \cdot P_{(CO)}P(BS)} \\
&= \frac{\frac{1}{3} \cdot \frac{1}{2}}{\frac{1}{3} \cdot \frac{1}{2} + \frac{1}{3} \cdot 0 + \frac{1}{3} \cdot 1} \\
&= \frac{\frac{1}{6}}{\frac{1}{6} + 0 + \frac{1}{3}} \\
&= \frac{1}{3}
\end{aligned} \tag{2.38}$$

演習問題　2

[1] 次の問いに答えよ．
　(1) 確率の値は何故, 0 と 1 の間の数なのか．
　(2) 確率の値は何故, 負の数にならないのか．
　(3) 確率の値を実際問題に当てはめるには, どういう値として定めなければならないか．
　(4) (3) について, 確率の公理的理論の基礎を築いたコルモゴロフは何と言っていたか．

[2] (1) $P(A) = 0.3$ のとき, $P(A^C)$ を求めよ．
　(2) $P(A) = 0.5$, $P(B) = 0.6$, $P(A \cap B) = 0.2$ のとき, $P(A \cup B)$ の値を求めよ．
　(3) $P(A) = 0.43$, $P(B) = 0.53$, $P(A \cup B) = 0.88$ のとき, $P(A \cap B)$ の値を求めよ．

[3] (1) $P(A) = 0.33$, $P(B) = 0.53$, $P(C) = 0.66$, $P(A \cap B) = 0.26$, $P(B \cap C) = 0.3$, $P(C \cap A) = 0.21$, $P(A \cap B \cap C) = 0.01$ であるとき, $P(A \cup B \cup C)$ の値を求めよ．
　(2) $P(A) = 0.21$, $P(B) = 0.22$, $P(C) = 0.44$, $P(A \cap B) = 0.07$, $P(B \cap C) = 0.08$, $P(C \cap A) = 0.09$, $P(A \cup B \cup C) = 0.78$ であるとき, $P(A \cap B \cap C)$ の値を求めよ．

[4] (1) $P(A \cap B) = 0.3$, $P(A) = 0.5$ のとき, 条件付き確率 $P_A(B)$ の値を求めよ．
　(2) $P(A) = 0.6$, $P_A(B) = 0.4$ のとき, $P(A \cap B)$ の値を求めよ．

[5] ある畑から収穫されたじゃがいもには 6 % の割合で不良品が含まれているとする．ここから, 5 個のじゃがいもを取り出したとき,「不良品が少なくとも 1 個含まれている確率」を求めよ．

[6] モンティ・ホールの問題を少し変形した次の問いに答えよ．
　(1) 5 つの部屋があり, 1 つには賞品 (高級車など) が入っている．

演習問題 2

　(2) もちろん, どの部屋に商品が入っているか, 挑戦者にはわからない. モンティ・ホール自身は知っている.

　(3) 挑戦者が 1 つの部屋を選択する.

　(4) モンティ・ホールは残りの 4 部屋のうち, 商品が入っていない部屋を 2 部屋開けて見せる.

　(5) 挑戦者はこの時点で, 最初に選んだ部屋を変更し, 残りの 2 部屋のどちらかへ変更することができる.

以上の条件のもとで, 最初に選んだ部屋のままにしておいた方が得か, 別の部屋に変更した方が得か.

第3章 確率論の基本

3.1 確率変数と確率分布

関数という概念は,何かを入力すると一定の規則にしたがって処理された後,結果が出力されてくるというプロセスの全体を示す概念である.

入ってきたものを2倍して3を足して結果が出力される関数を表すのに次のようにする.関数自身を記号 f で表す.

$$y = f(x) = 2x + 3 \tag{3.1}$$

関数の働きはブラックボックスで表すとわかりやすい.

図 3.1: 関数のブラックボックス

確率変数というのは確率空間 $(\Omega, \mathcal{F}, P)$ において,各 $\omega \in \Omega$ に対して実数値を与える関数 X であり, ω に対する値を $X(\omega)$ で表す.

図 3.2: 確率変数のブラックボックス

3.1 確率変数と確率分布

例 3.1 さいころの目 ⚃ に対してその目の数値 6 を与える場合である.

$$X(\boxdot) = 1, \quad X(\boxdot) = 2, \quad X(\boxdot) = 3,$$
$$X(\boxdot) = 4, \quad X(\boxdot) = 5, \quad X(\boxdot) = 6 \quad (3.2)$$

$X(\omega)$ において, ω をいろいろなさいころの目をランダムに変えると, $X(\omega)$ は 1 から 6 までの値をランダムにとる.

例 3.2 現在の株価 s_0 が, 1ヶ月後に上昇するか下落するかを考える場合, 上昇するという事象を { 上昇 } $= \omega_1$, 下落するという事象を { 下落 } $= \omega_2$ と表す. 全事象を $\Omega = (\{\text{上昇}\}, \{\text{下落}\}) = (\omega_1, \omega_2)$ とする. それぞれのとる確率を $P(\{\text{上昇}\} = \omega_1) = p$, $P(\{\text{下落}\} = \omega_2) = q = 1 - p$, とする. 確率空間は次のようになる.

$$\left\{\begin{array}{cc} \{\text{上昇}\} & \{\text{下落}\} \\ p & q \end{array}\right\} = \left\{\begin{array}{cc} \omega_1 & \omega_2 \\ p & 1-p \end{array}\right\} \quad (3.3)$$

上昇の場合の株価を us_0, 下落の場合の株価を ds_0 とするとき, 1ヶ月後の株価を表す確率変数 $S(\omega)$ は次のように定められる.

$$S(\{\text{上昇}\}) = S(\omega_1) = us_0, \quad S(\{\text{下落}\}) = S(\omega_2) = ds_0 \quad (3.4)$$

実数値をとる確率変数があると, そのとる値によって, 新たに実数上の確率空間ができる. サイコロの各目にその数値を対応させる例と株価の例では次のようになる.

$$\left\{\begin{array}{cccccc} \boxdot & \boxdot & \boxdot & \boxdot & \boxdot & \boxdot \\ \frac{1}{6} & \frac{1}{6} & \frac{1}{6} & \frac{1}{6} & \frac{1}{6} & \frac{1}{6} \end{array}\right\} \Longrightarrow \left\{\begin{array}{cccccc} 1 & 2 & 3 & 4 & 5 & 6 \\ \frac{1}{6} & \frac{1}{6} & \frac{1}{6} & \frac{1}{6} & \frac{1}{6} & \frac{1}{6} \end{array}\right\}$$

$$\left\{\begin{array}{cc} \omega_1 & \omega_2 \\ p & 1-p \end{array}\right\} \Longrightarrow \left\{\begin{array}{cc} us_0 & ds_0 \\ p & 1-p \end{array}\right\} \quad (3.5)$$

$\mu(A) = P(\{\omega : X(\omega) \in A\})$ を **確率変数の定める分布** という.

実数上の確率空間を **1次元確率分布** という. 上の例のように標本空間が有限個あるいはたかだか可算個の場合を **離散確率分布** という. この場合には集合族 $\mathcal{F}$ としてすべての部分集合をとればよい.

実際の株価や収益率などは連続的な値をとると考えるのが自然である．そこで，確率変数が連続的な実数をとる場合を扱う．

確率空間 $(\Omega, \mathcal{F}, P)$ における確率変数 $X(\omega)$ が連続的な値をとる場合，次のような確率が定まる．

$$P(X(\omega) \leq 3.4), \quad P(a < X(\omega) \leq b), \quad P(X(\omega) \in A) \tag{3.6}$$

ここで，実数 $\mathbb{R}$ の部分集合 A として，あらゆる集合ではなく，一定の条件に合う集合だけを扱う必要がある．これを **ボレル集合族** といい，$\mathfrak{B}$ と表す．

定義 3.1 ボレル集合族は次のように特徴づけられる集合族である．
(1) 区間 $[a, b]$ はボレル集合である．
(2) $A \in \mathfrak{B}$ ならば $A^c \in \mathfrak{B}$ である．
(3) $A_k \in \mathfrak{B}$ $(k = 1, 2, \cdots)$ のとき，$A_1 \cup A_2 \cup \cdots \in \mathfrak{B}$ である．
(4) $\mathfrak{B}$ は，(1), (2), (3) の性質をもつ集合族の中で最小のものである．

「1点」，「有理数」，「無理数」，「いろいろな形の区間」，「これらの可算無限回の操作でできる集合」などはボレル集合である．ここで確率変数の定義がきちんとできる．

定義 3.2 任意の $A \in \mathfrak{B}$ に対して，$\{\omega : X(\omega) \in A\} \in \mathcal{F}$ となるとき，$X(\omega)$ を確率変数という．

$\mathbb{R}$ で定義された区分的に連続な関数 $f(x)$ があり，次の式を満たすとする．

$$\int_{-\infty}^{\infty} f(x)\, dx = 1, \qquad f(x) \geq 0 \tag{3.7}$$

ボレル集合族 $\mathfrak{B}$ 上の確率分布 P が次のような性質をもつように作ることができる．

$$P([a, b]) = \int_a^b f(x)\, dx \tag{3.8}$$

$f(x)$ を，この確率分布の，**密度関数** という．このような $\mathbb{R}$ 上の 1 次元分布を **連続確率分布** という．

確率変数 X のとりうる値が連続量になる場合がある．例えば，ある養鶏場から生産される卵のそれぞれの重さとか，工業製品でも，製品の重さ，長さ，体積，等々，連続的な値をとりうる場合も多い．

このように，確率変数 X が連続量を表すときには，$P(X = 1.34)$ 等は意味をなさず，$P(1.23 < X < 2.48)$ と，区間に対して確率が定まる．X の値がちょうど 1.34000000000... ということはありえないからである．

確率分布を表すグラフについては，離散量の分布の場合には，$P(X = 3)$ を縦軸にとった．つまり，高さが確率であった．全部の高さを足せば全体の確率 1 に等しくなった．

連続量の確率分布の場合にはそのようなことができず，代わりに，「面積が確率を表す」とせざるをえない．

3.2 累積分布関数

サイコロを振った場合，「1 の目が出る確率」，「2 までの目が出る確率」，「3 までの目が出る確率」，「4 までの目が出る確率」，「5 までの目が出る確率」，「6 までの目が出る確率」の変化を表すのが**累積分布関数** あるいは単に，**分布関数** という．

確率変数 X の累積分布関数は次のように定められる．

$$F(x) = P(X \leq x) \tag{3.9}$$

サイコロの目の数を表す確率変数を X とすると，X の分布関数 $F_X(x) = P(X \leq x)$ は次のようになる．

$$F_X(x) = \begin{cases} 0 & X < 1 \\ \dfrac{1}{6}, & 1 \leq X < 2 \\ \dfrac{2}{6}, & 2 \leq X < 3 \\ \dfrac{3}{6}, & 3 \leq X < 4 \\ \dfrac{4}{6}, & 4 \leq X < 5 \\ \dfrac{5}{6}, & 5 \leq X < 6 \\ \dfrac{6}{6} = 1, & 6 \leq X \end{cases} \tag{3.10}$$

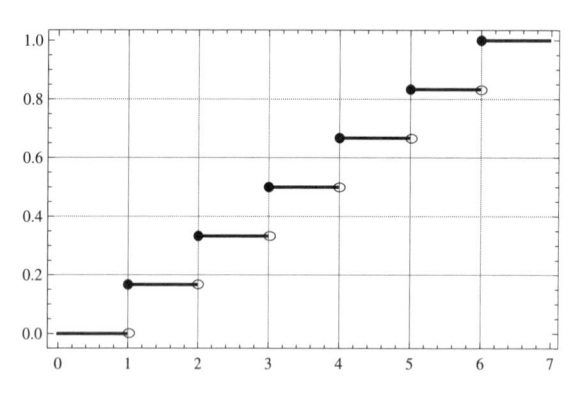

図 3.3: 式 (3.10) に対応した累積分布関数

3.3 確率分布の例

3.3.1 三角分布

例 **3.3** ある証券の収益率 X (%) の可能性の分布が図 3.4 のような三角形の分布をしているとする.

3.3 確率分布の例

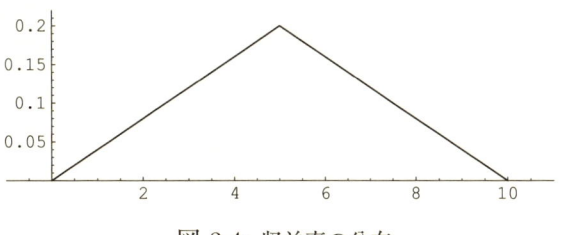

図 3.4: 収益率の分布

確率密度関数は次のようになる.

$$y = f(x) = \begin{cases} \dfrac{1}{25}x, & x \leq 5 \\ -\dfrac{1}{25}(x-10), & x > 5 \end{cases} \tag{3.11}$$

このような分布の累積分布関数は図 3.5 のようになる.

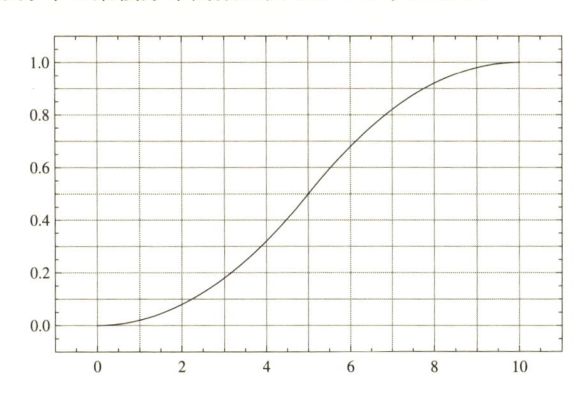

図 3.5: 式 (3.11) に対応した累積分布関数

次の確率を求めてみよう.
　(1) 収益率が 2% から 5% の間にある確率.
　(2) 収益率が 4% から 7% の間にある確率.

(1) の確率は次のような積分で求められる．

$$P(2 \leq X \leq 5) = \int_2^5 \frac{1}{25} x \, dx = \frac{1}{25} \left[\frac{x^2}{2} \right]_2^5$$
$$= \frac{1}{25} \left(\frac{5^2}{2} - \frac{2^2}{2} \right) = \frac{21}{50} = 0.42 \qquad (3.12)$$

(2) の確率は次のような積分で求められる．

$$P(4 \leq X \leq 6) = P(4 \leq X \leq 5) + P(5 \leq X \leq 7)$$
$$= \int_4^5 \frac{1}{25} x \, dx + \int_5^7 \left(-\frac{1}{25}(x - 10) \right) dx$$
$$= \frac{1}{25} \left[\frac{x^2}{2} \right]_4^5 - \frac{1}{25} \left[\frac{(x-10)^2}{2} \right]_5^7 = \frac{1}{2} = 0.5 \qquad (3.13)$$

これらの確率は確率密度関数のグラフでは図のような面積でもある．

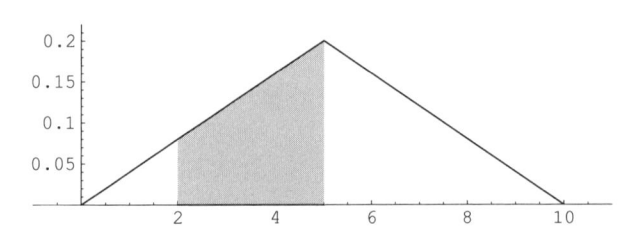

図 3.6: 確率と面積 (1)

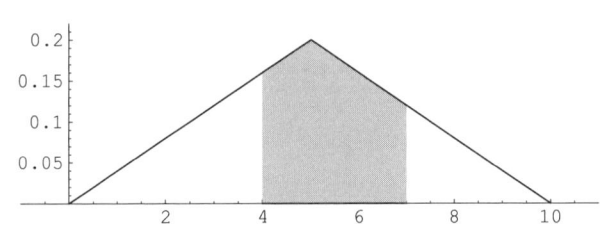

図 3.7: 確率と面積 (2)

3.4 確率変数の平均・分散・標準偏差

3.4.1 確率変数の平均 (期待値)

確率変数の値は実数であるから，いくつかの値を足したり引いたりかけたり割ったりできる．いくつかの値の平均も計算できる．

ある商店街で買い物客にくじを配布し，商品券が景品であった．確率分布は次のようになっていた．上段が金額で下段が確率である．

$$\begin{Bmatrix} 100 & 50 & 30 & 20 & 10 \\ 0.1 & 0.1 & 0.2 & 0.2 & 0.4 \end{Bmatrix} \qquad (3.14)$$

たくさんの買い物をしたある人が，100 本のくじを引いた結果，次のような商品券が当たったとしよう．

30, 30, 10, 10, 10, 10, 20, 10, 10, 10, 10, 10, 10, 10, 20, 50, 20,
10, 10, 10, 20, 30, 30, 10, 10, 20, 10, 10, 50, 100, 10, 10, 50,
50, 50, 50, 20, 10, 10, 20, 10, 30, 30, 100, 20, 50, 20, 10, 20, 10,
10, 100, 20, 10, 10, 30, 20, 20, 10, 10, 10, 20, 30, 10, 20, 50,
30, 30, 30, 10, 10, 100, 10, 30, 50, 20, 20, 100, 10, 10, 10,
30, 10, 20, 30, 30, 30, 10, 10, 10, 10, 30, 50, 50, 20

この人の 1 枚当たりの平均の金額を求めるために，各金額の枚数を集計すると次のようになった．

100 円 :6 枚，　50 円 :11 枚，　30 円 :20 枚，　20 円 :19 枚，　10 円 :44 枚

これを利用して，1 枚当たりの平均金額は次のように計算できる．

$$\frac{100 \times 6 + 50 \times 11 + 30 \times 20 + 20 \times 19 + 10 \times 44}{100}$$
$$= 100 \times \frac{6}{100} + 50 \times \frac{11}{100} + 30 \times \frac{20}{100} + 20 \times \frac{19}{100} + 10 \times \frac{44}{100} = 25.7 \qquad (3.15)$$

くじの枚数を増やしていくとそれぞれの相対頻度は確率の値に近づく．

$$\frac{6}{100} \to 0.1, \quad \frac{11}{100} \to 0.1, \quad \frac{20}{100} \to 0.2, \quad \frac{19}{100} \to 0.2, \quad \frac{44}{100} \to 0.4$$

平均値は $100 \times 0.1 + 50 \times 0.1 + 30 \times 0.2 + 20 \times 0.2 + 10 \times 0.4 = 29$ に近くなっていく．この値を確率変数 $X(\omega)$ の **期待値** あるいは **平均** という．一般に，確率変数 $X(\omega)$ の分布が次のような離散分布とする．

$$\begin{Bmatrix} x_1 & x_2 & x_3 & \cdots \\ p_1 & p_2 & p_3 & \cdots \end{Bmatrix} \tag{3.16}$$

ことのき確率変数 $X(\omega)$ の期待値 $E(X)$ を次のように定める．

$$E(X) = x_1 p_1 + x_2 p_2 + x_3 p_3 + \cdots = \sum_{k=1}^{\infty} x_k p_k \tag{3.17}$$

例 3.4 例 3.2 の場合の確率変数 S の期待値は次のように計算される．

$$E(S) = u s_0 p + d s_0 (1-p) \tag{3.18}$$

確率変数，収益率 $r(\omega) = \frac{S - s_0}{s_0}$ の期待値は次のように計算できる．

$$E(r) = \frac{u s_0 - s_0}{s_0} p + \frac{d s_0 - s_0}{s_0}(1-p) = (u-1)p + (d-1)(1-p) \tag{3.19}$$

$f(x)$ を密度関数とする連続確率分布の場合，$\mathbb{R}$ を細かい区間の幅 Δx に分けると，各区間での確率が $f(x)\Delta x$ と近似でき，次のように定められる．

$$E(X) = \int_a^b x f(x)\,dx = \lim_{\Delta x \to 0} \sum_{k=0}^{n} x_k f(x_k)\,\Delta x \tag{3.20}$$

3.4.2　確率変数の分散

平均値が同じでも分布の仕方はいろいろある．図 3.8 の左のように広い範囲に広がっている分布と，右の図のように平均値のまわりに集中している分布との違いを数値で表すのが **分散** である．

離散分布の場合，「各値 x_k が平均値 $m = E(X)$ から離れている量の 2 乗 $(x_k - m)^2$ の平均値」をとり，確率変数 X の **分散** という．

$$V(X) = \sum_{k=1}^{n} (x_k - m)^2 p_k \tag{3.21}$$

3.4 確率変数の平均・分散・標準偏差

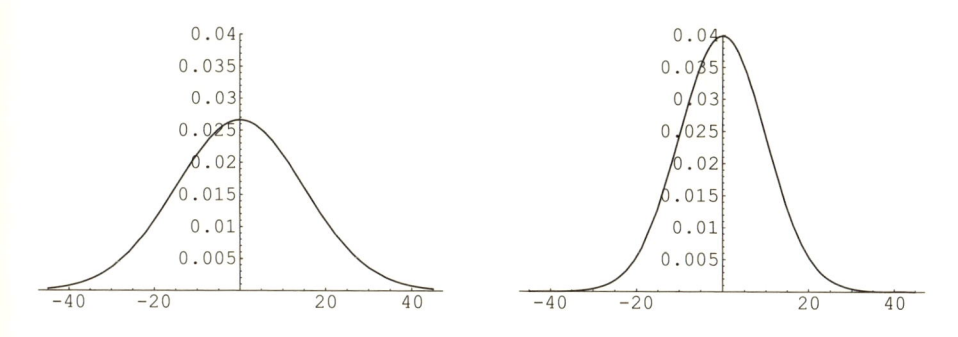

図 3.8: 分散の違い

$f(x)$ を密度関数とする連続分布の場合には，離散の場合の拡張として次のように定義される．ただし $a \leq X \leq b$ とする．

$$V(X) = E((X-m)^2) = \int_a^b (x-m)^2 f(x)\, dx \tag{3.22}$$

3.4.3 確率変数の標準偏差

分散の平方根を **標準偏差** といい，$\sigma(X)$ で表す．

$$\sigma(X) = \sqrt{V(X)} \tag{3.23}$$

確率変数の分散について次の式が成り立つ．

$$V(X) = E(X^2) - (E(X))^2$$

この式は簡単な計算で求められる．

$$\begin{aligned}
E((X-m)^2) &= E(X^2 - 2mX + m^2) \\
&= E(X^2) - 2mE(X) + m^2 E(1) \\
&= E(X^2) - m^2 = E(X^2) - (E(X))^2
\end{aligned} \tag{3.24}$$

具体的に分散を求めるときに，この方が便利な場合がある．

例 **3.5** ある業種の銘柄の収益率 X は, 2%, 3%, 4%, 5%, 6% のいずれかを等しい確率 $\frac{1}{5}$ でとるとする. 確率分布は図 3.9 のようになる.

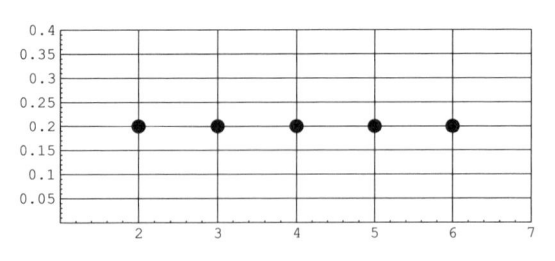

図 3.9: 等しい収益率の分布

この確率変数の累積分布関数は図 3.10 のようになる.

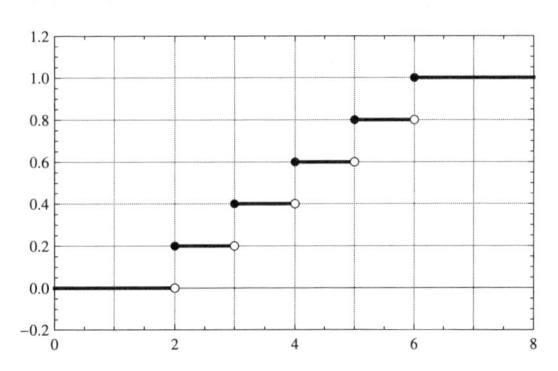

図 3.10: 等しい収益率の累積分布関数

この分布の平均値と分散, 標準偏差を計算してみよう. 平均値は次のように計算される.

$$m = E(X) = 2 \times \frac{1}{5} + 3 \times \frac{1}{5} + 4 \times \frac{1}{5} + 5 \times \frac{1}{5} + 6 \times \frac{1}{5} = 4 \tag{3.25}$$

この平均値をもとにして, 収益率 X の分散は次のように計算できる.

$$\begin{aligned} v = V(X) &= (2-4)^2 \times \frac{1}{5} + (3-4)^2 \times \frac{1}{5} + (4-4)^2 \times \frac{1}{5} \\ &\quad + (5-4)^2 \times \frac{1}{5} + (6-4)^2 \times \frac{1}{5} = \frac{10}{5} = 2 \end{aligned} \tag{3.26}$$

3.4 確率変数の平均・分散・標準偏差

例 3.6 ある種の証券の収益率は確率的に図 3.11 のような台形の分布をしているとしよう．

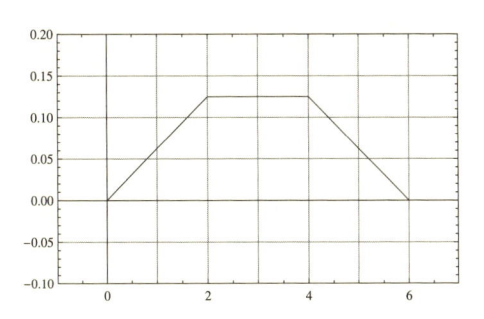

図 3.11: ある証券の収益率の分布

確率密度関数は次のようになる．

$$y = f(x) = \begin{cases} \dfrac{1}{8}x, & 0 \leq x \leq 2 \\ \dfrac{1}{4}, & 2 \leq x \leq 4 \\ -\dfrac{1}{8}(x-6), & 4 \leq x \leq 6 \end{cases} \tag{3.27}$$

累積分布関数は図 3.12 のようになる．

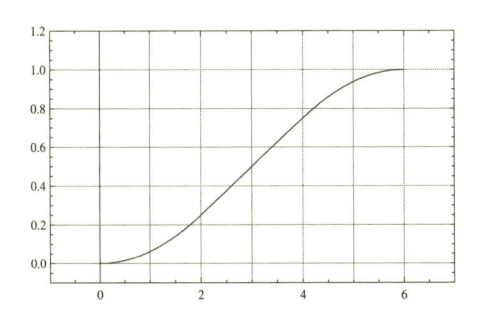

図 3.12: 図 3.11 に対応した累積分布関数

この場合の平均値は次のように計算できる.

$$m = E(X) = \int_0^2 x \cdot \frac{1}{8}x \, dx + \int_2^4 x \cdot \frac{1}{4} \, dx + \int_4^6 x \cdot \left(-\frac{1}{8}(x-6)\right) dx = 3 \tag{3.28}$$

分散と標準偏差は次のように計算できる.

$$\begin{aligned} v = V(X) &= \int_0^2 (x-3)^2 \frac{1}{8}x \, dx + \int_2^4 (x-3)^2 \frac{1}{4} dx \\ &+ \int_4^6 (x-3)^2 \left(-\frac{1}{8}(x-6)\right) dx = \frac{5}{3} \fallingdotseq 1.67 \end{aligned} \tag{3.29}$$

$$\sigma = \sqrt{v} = \sqrt{\frac{5}{3}} \fallingdotseq 1.29 \tag{3.30}$$

3.4.4 確率変数の独立性

事象 A と事象 B の独立性は前に定めた.

$$P(A \cup B) = P(A) \times P(B) \tag{3.31}$$

このような事象の独立性を拡張し,確率変数の独立性を次のように定義する.

定義 3.3 2つの確率変数 $X(\omega), Y(\omega)$ が **独立である** とは,$\mathbb{R}$ の任意のボレル集合 $A \in \mathfrak{B}, B \in \mathfrak{B}$ に対して $\{\omega : X(\omega) \in A\}$,と $\{\omega : X(\omega) \in B\}$ とが独立であることとする. すなわち次の式が成り立つときである. また,ボレル集合という条件を,区間 $(a_1, a_2]$ で置き換えてもよい.

$$\begin{aligned} &P(\{\omega : X(\omega) \in A\} \cap \{\omega : X(\omega) \in B\}) \\ &= P(\{\omega : X(\omega) \in A\}) \cdot P(\{\omega : X(\omega) \in B\}) \end{aligned} \tag{3.32}$$

これを簡単に,次のようにも表す.

$$P(X \in A, Y \in B) = P(X \in A) \cdot P(Y \in B) \tag{3.33}$$

有限個または可算無限個の確率変数の独立性も次のように定義する.

3.4 確率変数の平均・分散・標準偏差

定義 3.4 同じ確率空間 $(\Omega, \mathcal{F}, P)$ で定義された確率変数列, $X_1, X_2, \cdots, X_n,$ $\cdots$ があるとき, この中から任意の有限個の確率変数 $X_{i_1}, X_{i_2}, \cdots, X_{i_k}$ をとったとき, 次の式が任意のボレル集合 $A_1, A_2, \cdots, A_k$ について成り立つとき, $X_1, X_2, \cdots, X_n, \cdots$ は独立であるという.

$$P(X_{i_1} \in A_1, X_{i_2} \in A_2, \cdots, X_{i_k} \in A_k)$$
$$= P(X_{i_1} \in A_1) \cdot P(X_{i_2} \in A_2) \cdot \cdots \cdot P(X_{i_k} \in A_k) \tag{3.34}$$

確率変数列 $X_1, X_2, \cdots, X_n$ のとる値が高々可算無限個 $x_1, x_2, \cdots, x_n, \cdots$ すなわちこれらの分布が離散分布であるとき, これらが独立であるとは, 任意の $x_{i_1}, x_{i_2}, \cdots, x_{i_n}$ に対して次の式が成り立つこととする.

$$P(X_1 = x_{i_1}, X_2 = x_{i_2}, \cdots, X_n(x_{i_n}))$$
$$= P(X_1 = x_{i_1}) \cdot P(X_2 = x_{i_2}) \cdot \cdots \cdot P(X_n(x_{i_n})) \tag{3.35}$$

$\mathbb{R}$ 上のボレル可測関数 $f(x)$ と確率変数 $X(\omega)$ があるとき, $f(X(\omega))$ も確率変数となったが, 独立性について次の定理が成り立つ.

定理 3.1 確率空間 $(\Omega, \mathcal{F}, P)$ における独立な確率変数列 (あるいは独立な確率ベクトル列), $X_1, X_2, \cdots, X_n$ と, $\mathbb{R}$ 上のボレル可測関数列 $f_1(x), f_2(x), \cdots, f_n(x)$ があるとき, 確率変数列 $f(X_1(\omega)), f(X_2(\omega)), \cdots, f(X_n(\omega))$ も独立となる.

確率変数の期待値を, 一般に定義するためには, 次のようなルベーグ積分による.

定義 3.5 確率空間 $(\Omega, \mathcal{F}, P)$ での確率変数 $X(\omega)$ の **平均値** $E(X)$ は次式で定義される.

$$E(X) = \int_\Omega X(\omega)\, dP(\omega) \tag{3.36}$$

この積分は順に次のように定義される. $X(\omega) \geq 0$ の場合を次のようにする.

$$\int_\Omega X(\omega)\, dP(\omega) = \lim_{n \to \infty} \sum_{k=1}^\infty \frac{k-1}{2^n} P\left(\left\{\omega : \frac{k-1}{2^n} \leq X(\omega) < \frac{k}{2^n}\right\}\right) \tag{3.37}$$

その他の場合には，$X^+(\omega)$, $X^-(\omega)$ を次のように定め，これを利用して定義する．

$$X^+(\omega) = \max(X(\omega), 0), \qquad X^-(\omega) = \max(-X(\omega), 0) \tag{3.38}$$

$$\int_\Omega X(\omega)\,dP(\omega) = \int_\Omega X^+(\omega)\,dP(\omega) - \int_\Omega X^-(\omega)\,dP(\omega) \tag{3.39}$$

$|X|$ の積分が有限であるとき確率変数 X は **可積分** であるという．
確率変数の平均について次の性質が成り立つ．

定理 3.2 (1) 確率変数 $X(\omega), Y(\omega)$ が可積分ならば，任意の実数 a, b に対して $aX(\omega) + bY(\omega)$ も可積分で次の式が成り立つ．これを **平均 (期待値) の線形性** という．積分の加法性から来ている．

$$E(aX + bY) = aE(X) + bE(Y) \tag{3.40}$$

(2) $X(\omega) \leq Y(\omega)$ が常に成り立ち，ともに可積分ならば，$E(X) \leq E(Y)$ が成り立つ．これを **平均の単調性** という．

(3) X^2 と Y^2 がともに可積分な確率変数とする．このとき XY も可積分となり次の不等式が成り立つ．これを **シュワルツの不等式** という．

$$|E(XY)| \leq \sqrt{E(X^2)}\sqrt{E(Y^2)} \tag{3.41}$$

(4) X^2 を可積分とすると，X も可積分となり次の不等式が成り立つ．

$$|E(X)| \leq \sqrt{E(X^2)} \tag{3.42}$$

$\mathbb{R}$ 上のボレル集合族を $\mathfrak{B}$ とし，$\mathbb{R}$ 上の実数値関数を $f(x)$ とする．$f(x)$ は，次の性質をもつとき **ボレル可測関数** という．

$$f^{-1}((a,b]) \in \mathfrak{B} \tag{3.43}$$

確率変数 X と，$\mathbb{R}$ 上のボレル可測関数の合成関数である $Y(\omega) = f(X(\omega))$ はやはり確率変数となる．同様に d 次元のボレル集合族 $\mathfrak{B}_d$ に対して，d 次元のボ

3.4 確率変数の平均・分散・標準偏差

レル可測関数 $f(\boldsymbol{x}) = f(x_1, x_2, \cdots, x_d)$ も定義される. d 個の確率変数 $X_1(\omega)$, $X_2(\omega), \cdots, X_d(\omega)$ に対して次の関数は確率変数となる.

$$Y(\omega) = f(\boldsymbol{X}) = f(X_1, X_2, \cdots, X_d) \tag{3.44}$$

d 次元確率ベクトル $\boldsymbol{X}$ に対して, $\mathbb{R}^d$ 上の確率分布 $\mu_{\boldsymbol{X}(\cdot)}$ が定まった. 次の定理により, 確率空間 $(\Omega, \mathcal{F}, P)$ 上の平均が, $\mathbb{R}^d$ 上の平均に等しいことが示される.

定理 3.3 d 次元確率ベクトル $\boldsymbol{X}$ と d 次元可測関数 $f(\boldsymbol{x})$ につき次の式が成り立つ.

$$E(f(\boldsymbol{X})) = \int_\Omega f(\boldsymbol{X}(\omega))\, dP(\omega) = \int_{\mathbb{R}^d} f(\boldsymbol{x})\, \mu_{\boldsymbol{X}}(d\boldsymbol{x}) \tag{3.45}$$

$X_1, X_2, \cdots, X_n$ を独立な確率変数 (ベクトル) とし, $f_1(x), f_2(x), \cdots, f_n(x)$ をボレル可測関数とすると, 次の **平均値の乗法定理** が成り立つ.

$$E(f_1(X_1) \cdot f(X_2) \cdots f_n(X_2)) = E(f_1(X_1)) \cdot E(f_2(X_2)) \cdots E(f_n(X_n)) \tag{3.46}$$

例 3.7 株価 X_1 が 200 円になる確率が 0.5, 100 円になる確率が 0.5 であるとする. 収益率 X_2 が 1% から 6% まで 1% 刻みに等確率で取るとする.

株価に収益率を掛けた値すなわち収益の平均値は次のように計算できる.

$$E(X_1 \cdot X_2) = E(X_1) \cdot E(X_2) = 150 \times 0.035 = 5.25 \tag{3.47}$$

分散の性質について次の定理が成り立つ.

定理 3.4 確率変数 X の分散 $V(X)$ が存在するとき, 次の式が成り立つ.

$$V(X) = E(X^2) - m^2, \qquad m = E(X) \tag{3.48}$$

$$V(aX + b) = a^2 V(X), \qquad a, b\ \text{は定数} \tag{3.49}$$

X の分散を X^2 の平均で表すはじめの式は, 平均の線形性から導ける.

$$\begin{aligned} V(X) &= E((X-m)^2) = E(X^2 - 2mX + m^2) \\ &= E(X^2) - 2m\, E(X) + m^2 = E(X^2) - m^2 \end{aligned} \tag{3.50}$$

2 番目の関係式は, $aX+b$ の平均が $E(aX+b)=am+b$ となることから次の計算で示せる.

$$V(aX+b) = E(\{(aX+b)-(am+b)\}^2) = E(\{aX-am\}^2)$$
$$= E(a^2(X-m)^2) = a^2 V(X) \tag{3.51}$$

分散の加法性については次の定理が成り立つ.

定理 3.5 確率変数 X, Y が独立であり, 分散をもつとする. このとき $X+Y$ も分散をもち次の **分散の加法性** が成り立つ.

$$V(X+Y) = V(X) + V(Y) \tag{3.52}$$

これは, 平均を $E(X)=m_1, E(Y)=m_2$ とおいて次の計算で示せる.

$$V(X+Y) = E\left[(X+Y)-(m_1+m_2)\right]^2$$
$$= E(X-m_1)^2 + E(Y-m_2)^2 - 2E\left[(X-m_1)(Y-m_2)\right]$$
$$= E(X-m_1)^2 + E(Y-m_2)^2 \tag{3.53}$$

最後の等式は $X-m_1$ と $Y-m_2$ が独立であり, 独立確率変数の積の法則から次のようになるからである.

$$E\left[(X-m_1)(Y-m_2)\right] = E(X-m_1)\,E(Y-m_2) = 0 \cdot 0 = 0 \tag{3.54}$$

3.5　2項分布

3.5.1　2項分布の定義

ある家電メーカーの株価 X をあるとき a_0 であるとする. 1ヶ月後に上昇して $u a_0$ $(u \geq 1)$ となるか, 下落して $v a_0$ $(0 \leq v \leq 1)$ となるかのいずれかであるとする. そのような株価になる確率が $P(X=u a_0)=p, P(X=v a_0)=q=1-p$ であるとする.

3.5 2項分布

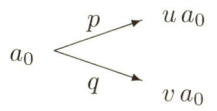

$$a_0 \begin{array}{c} \xrightarrow{p} ua_0 \\ \xrightarrow{q} va_0 \end{array}$$

上昇することを u で表し, 下落することを v で表す. 2ヶ月後に可能な株価 X_2 は, (u,u) となった場合が, $u^2 a_0$ であり, その確率は p^2 となる. (v,v) となった場合の株価が $v^2 a_0$ であり, その確率が q^2 である.

2ヶ月で株価が下落した回数を表す確率変数を Y_2 と表す. (u,v) となった場合と, (v,u) となった場合の株価はともに $uv a_0$ であり, 確率は次のようになる.

$$P(X_2 = uv a_0) = P(Y_2 = 1) = pq + qp = 2pq \tag{3.55}$$

2ヶ月後の株価 X_2 と, その確率は次のようにまとめられる.

$$\left\{ \begin{array}{cccc} X_2 \text{ の値} & u^2 a_0 & uv a_0 & v^2 a_0 \\ Y_2 \text{ の値} & 0 & 1 & 2 \\ \text{確率} & p^2 & 2pq & q^2 \end{array} \right\} \tag{3.56}$$

このように確率変数の値とその値をとる確率をまとめたものを**確率変数の確率分布** あるいは **確率分布** という.

$p^2, 2pq, q^2$ はちょうど $(p+q)^2 = p^2 + 2pq + q^2$ に対応しているので, Y_2 を **2項分布** という.

3ヶ月後の株価 X_3 と下落した月数 Y_3 の分布を求める. 株価が $u^2 v a_0$ となる場合, すなわち $Y_3 = 1$ となる場合は次の3通りある.

$$(u, u, v), \quad (u, v, u), \quad (v, u, u) \tag{3.57}$$

これらの事象の確率はいずれも $ppq = pqp = qpp$ で等しく, 排反事象であるから $Y_3 = 1$ となる確率はこれらの和となる.

$$P(Y_3 = 1) = ppq + pqp + qpp = 3p^2 q \tag{3.58}$$

$3p^2 q$ の 3 は, 3回の中から下落する月を1つ選ぶ方法でもあるので組合せの数 $_3C_1$ に等しい. 一般に, n 個のものから k を選び出す組合せの数は次のように計算される.

$$_n C_k = \frac{n(n-1)(n-2) \cdots (n-k+1)}{k(k-1)(k-2) \cdots 3 \cdot 2 \cdot 1} \tag{3.59}$$

この式の分母は $k!$ とも表し, k の階乗という. この記号を使うと, Y_3 の分布は次のように表せる.

$$\begin{cases} Y_3 \text{ の値} & 0 & 1 & 2 & 3 \\ \text{確率} & {}_3\mathrm{C}_0 p^3 & {}_3\mathrm{C}_1 p^2 q & {}_3\mathrm{C}_2 p q^2 & {}_3\mathrm{C}_3 q^3 \end{cases} \quad (3.60)$$

一般に, A の起きる確率が $P(A) = p$ であるとき, この試行を n 回繰り返したとき, A が起きる回数を表す確率変数を X とする. X の確率分布は次のようになる.

$$P(X = k) = {}_n\mathrm{C}_k p^k q^{n-k} \quad (3.61)$$

これを, $B[n, p, k]$ と表して, 2項分布と呼ぶ.

いろいろな n と p の値をグラフにしてみる (図 3.13). それぞれの累積分布関数は図 3.14 のようになる.

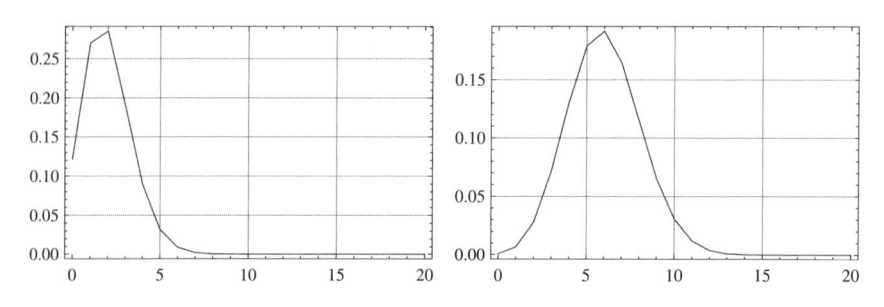

図 3.13: 2項分布のグラフ

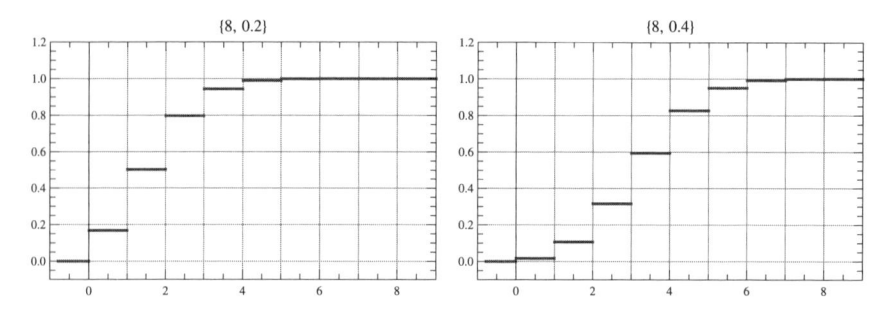

図 3.14: 図 3.13 に対応した累積分布関数

3.5 2項分布

2項分布は, n を増やしていくと, グラフが平均値近くに集中してくる. $p = 0.5$ とし, $n = 200$ と $n = 2000$ とした場合が次のグラフである (図 3.15).

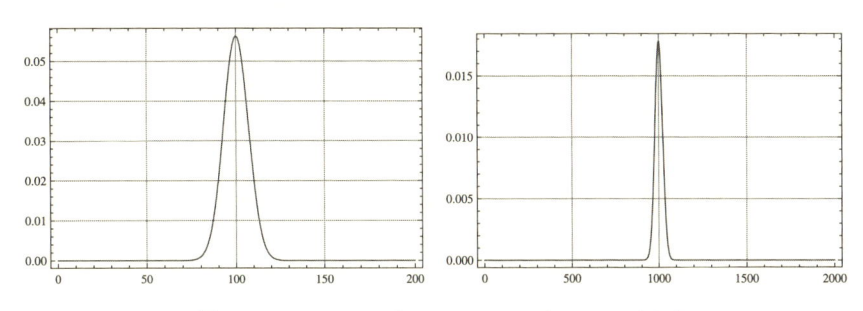

図 3.15: $n = 200$ (左), $n = 2000$ (右) の 2 項分布

3.5.2 2項分布の平均

1回の試行で事象 A の起きる確率が $p = P(A)$ であるとき, この試行を n 回繰り返したとき, 事象 A の起きる回数を X とすると, X は 2 項分布をする.

n 回目に事象 A が起きたら 1 を, 起きなかったら 0 を与える確率変数を X_n と表すと, X は次のように表せる.

$$X = \sum_{k=1}^{n} X_k \tag{3.62}$$

$X = 5$ ということは, $X_k = 1$ となる k が 5 つあったということ, つまり, 事象 A が 5 回起きたということである. そのような確率は, 次のようになる.

$$P(X = 5) = {}_n C_5 p^5 (1-p)^{(n-5)} \tag{3.63}$$

一般に, $X = k$ となる確率は次のようになる.

$$P(X = k) = {}_n C_k p^k (1-p)^{(n-k)} = {}_n C_k p^k q^{(n-k)} \tag{3.64}$$

これが 2 項分布の一般式である. ただし, $q = 1 - p$ である.

3.5.3 2項分布の平均値と分散・標準偏差

2項分布をする確率変数 X の期待値 (平均値) を求めるために, はじめに, X の期待値を求める.

$$E(X_k) = 1 \times P(X_k = 1) + 0 \times P(X_k = 0) \tag{3.65}$$
$$= 1 \times p + 0 \times q = p$$

次に, $X = \sum_{k=1}^{n} X_k$ であったから, 期待値の線形性から次の計算ができる.

$$E(X) = E\left(\sum_{k=1}^{n} X_k\right) = \sum_{k=1}^{n} E(X_k) = \sum_{k=1}^{n} p = np \tag{3.66}$$

X_k の分散は次のようになる.

$$v_k = E((X_k - p)^2) = (1-p)^2 \times p + (0-p)^2 \times q$$
$$= (1-p)(p - p^2 + p^2) = pq \tag{3.67}$$

X_k は独立なので, X の分散は分散の加法性が適用できて次のようになる.

$$v = V(X) = V\left(\sum_{k=1}^{n} V(X_k)\right) = \sum_{k=1}^{n} V(X_k)$$
$$= \sum_{k=1}^{n} pq = npq \tag{3.68}$$

標準偏差 σ は次のようになる.

$$\sigma = \sqrt{v} = \sqrt{npq} \tag{3.69}$$

3.6 ポアソン分布

3.6.1 2項分布からポアソン分布へ

ある製造機械が不良品を製造してしまう確率が, $p = 0.01$ であったとする. 良品の確率は, $q = 1 - p = 0.99$ である. $n = 300$ 個を製造したときの不良品の数 X を表す確率分布は2項分布する.

3.6 ポアソン分布

その平均値 $E(X)$ と分散 $V(X)$ は次のように求められる.

$$E(X) = np = 300 \times 0.01 = 3 \tag{3.70}$$
$$V(X) = npq = 300 \times 0.01 \times 0.99 = 2.97 \tag{3.71}$$

$n = 500$ のときの平均値は, $500 \times 0.01 = 5$ となる.

$n = 300$ のときの 2 項分布のグラフと $n = 500$ のときの 2 項分布のグラフを描くと次のようになっている.

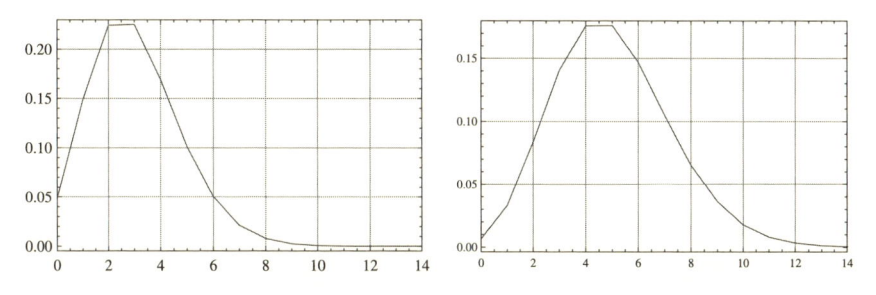

図 3.16: $n = 300$ (左) と $n = 500$ (右) のときの 2 項分布

ところで, 機械の性能がよくなって, 不良品の生じる確率が 0.001 となると, サンプルの数が 3000 個になっても, 平均値は, 300 個のときと同じ $3000 \times 0.001 = 3$ となり, 平均値は同じ値になる. このときの分布は次のようになる.

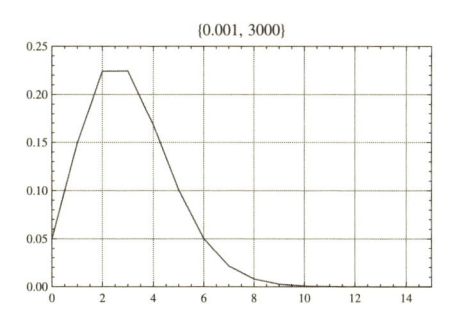

図 3.17: $p = 0.001$ のときの 2 項分布

300 の場合と比較して, ほとんど同じグラフであることがわかる. これは, 平

均値が同じだからである．平均値を，$np = 3$ と保ちながら，n を大きくしていくと，2項分布はポアソン分布と呼ばれる分布に近づく．

ポアソン分布は，平均値を μ としてこの値をパラメータにもつ分布である．

$$P(X = k) = e^{-\mu}\frac{\mu^k}{k!} \tag{3.72}$$

ここで，e は，自然対数の底，あるいはネピアの数と呼ばれる数である．詳細は小林著『ファイナンス数学の基礎』を参照されたい．ファイナンスとの関係では，連続複利計算から導かれる．e の定義式としては次の式がある．

$$e = \lim_{n \to \infty} \left(1 + \frac{1}{n}\right)^n \tag{3.73}$$

次の式も役に立つ．

$$e^k = \lim_{n \to \infty} \left(1 + \frac{k}{n}\right)^n \tag{3.74}$$

$\mu = 3$ の場合のポアソン分布のグラフは図 3.18 のように，累積分布関数のグラフは図 3.19 のようになる．

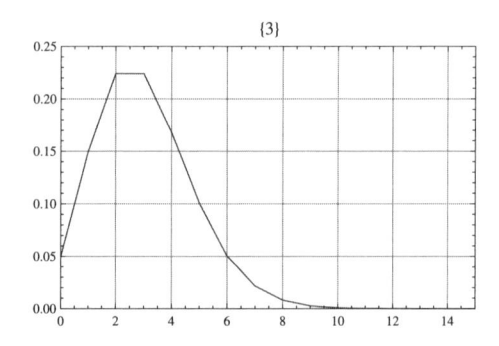

図 3.18: $\mu = 3$ のポアソン分布のグラフ

3.6 ポアソン分布

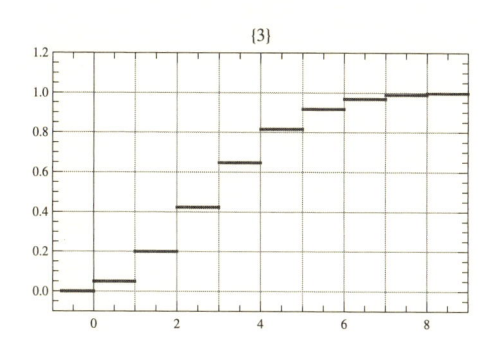

図 3.19: $\mu = 3$ のポアソン分布の累積分布

3.6.2 ポアソン分布の例

ポアソン分布が適用できる現象の特徴は，「あまり頻繁に起こらない現象の，起きる確率分布」といえる．例えば「ある都市で 1 日に起きる火事の件数」「ある都市で 1 日に起きる交通事故の件数」のような現象がある．別の例で見てみよう．

FIFA サッカーワールドカップの得点

FIFA2014 年サッカーワールドカップブラジル大会決勝トーナメントは 16 チームが参加し，勝ち抜き戦で 16 試合 (3 位決定戦を含む) が行われた．16 試合での各チームの得点とその頻度は次の表のようであった．

得点	0	1	2	3	4	5	6	7
チーム数	11	13	6	1	0	0	0	1

試合をしたチーム数は合計 32 となる．各チームの平均得点は次のように計算できる．

$$0 \times \frac{11}{32} + 1 \times \frac{13}{32} + 2 \times \frac{6}{32} + 3 \times \frac{1}{32} + 7 \times \frac{1}{32} = \frac{35}{32} = 1.09375 \quad (3.75)$$

得点分布をグラフに表すと図 3.20 のようになる．

これと同じく平均値が 1.09375 となるポアソン分布のグラフは図 3.21 のよう

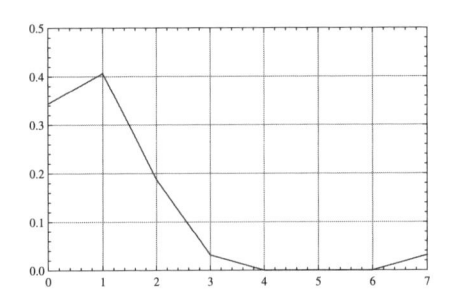

図 3.20: 2014 年大会の得点分布

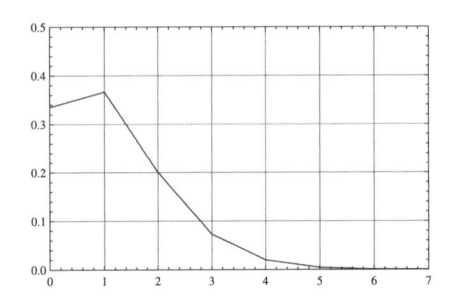

図 3.21: 2014 年大会の得点のポアソン近似

になる．

かなりよい近似であるが，図 3.22 のように同じ平面に描いてみると一層よくわかる．

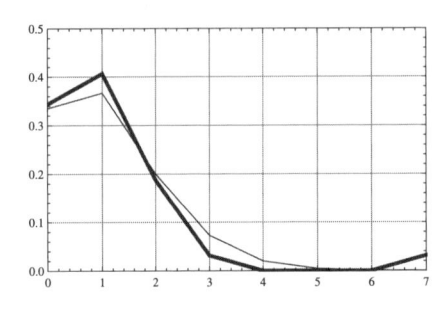

図 3.22: 2014 年大会の実際の得点とポアソン近似

3.6 ポアソン分布

2項分布 $B(n,p,k) = {}_n\mathrm{C}_k p^k q^{n-k}$ が, $np = \mu$ を一定にしておいて, $n \to \infty$ としたとき, ポアソン分布 $\frac{e^{-\mu}\mu^k}{k!}$ となることは, それほど難しくないので証明を紹介しておこう.

$np = \mu$ より, $p = \frac{\mu}{n}$ を p に代入する.

$$\begin{aligned}
\lim_{n \to \infty} B(n,p,k) &= \frac{n!}{k!(n-k)!}\left(\frac{\mu}{n}\right)^k \left(1 - \frac{\mu}{n}\right)^{n-k} \\
&= \lim_{n \to \infty} \frac{n}{n} \cdot \frac{n-1}{n} \cdot \frac{n-2}{n} \cdot \frac{n-k+1}{n} \cdot \frac{\mu^k}{k!} \cdot \left(1 - \frac{\mu}{n}\right)^n \cdot \left(1 - \frac{\mu}{n}\right)^{-k} \\
&= 1 \cdot 1 \cdot \cdots \cdot 1 \cdot \frac{\mu^k}{k!} \cdot 1 \cdot e^{-\mu} \cdot 1 \\
&= \frac{e^{-\mu}}{k!}\mu^k
\end{aligned} \tag{3.76}$$

ポアソン分布において, いろいろな μ の値に対する確率分布と累積確率分布の図を描いておくと図 3.23 のようになる.

3.6.3 ポアソン分布の平均と標準偏差

確率変数 X が, パラメータ μ のポアソン分布に従うとき, その平均と分散, 標準偏差は次のようになる.

$$E(X) = m = \mu, \quad V(X) = v = \mu, \quad \sigma = \sqrt{v} = \sqrt{\mu} \tag{3.77}$$

ポアソン分布はパラメータ μ だけで定まる. $\mu = 1$ から $\mu = 7$ までのポアソン分布の図を同じ平面上に表すと図 3.24 のようになる.

パラメータ μ のポアソン分布の平均が μ となることを証明しておこう. e^μ についての次の式を使う. この式については小林著『ファイナンスと微積分』を参照されたい.

$$e^\mu = 1 + \frac{\mu}{1!} + \frac{\mu^2}{2!} + \frac{\mu^3}{3!} + \cdots \tag{3.78}$$

$E(X) = \mu$ は次のように計算される.

$$E(X) = \sum_{k=0}^{\infty} k \cdot e^{-\mu} \cdot \frac{\mu^k}{k!}$$

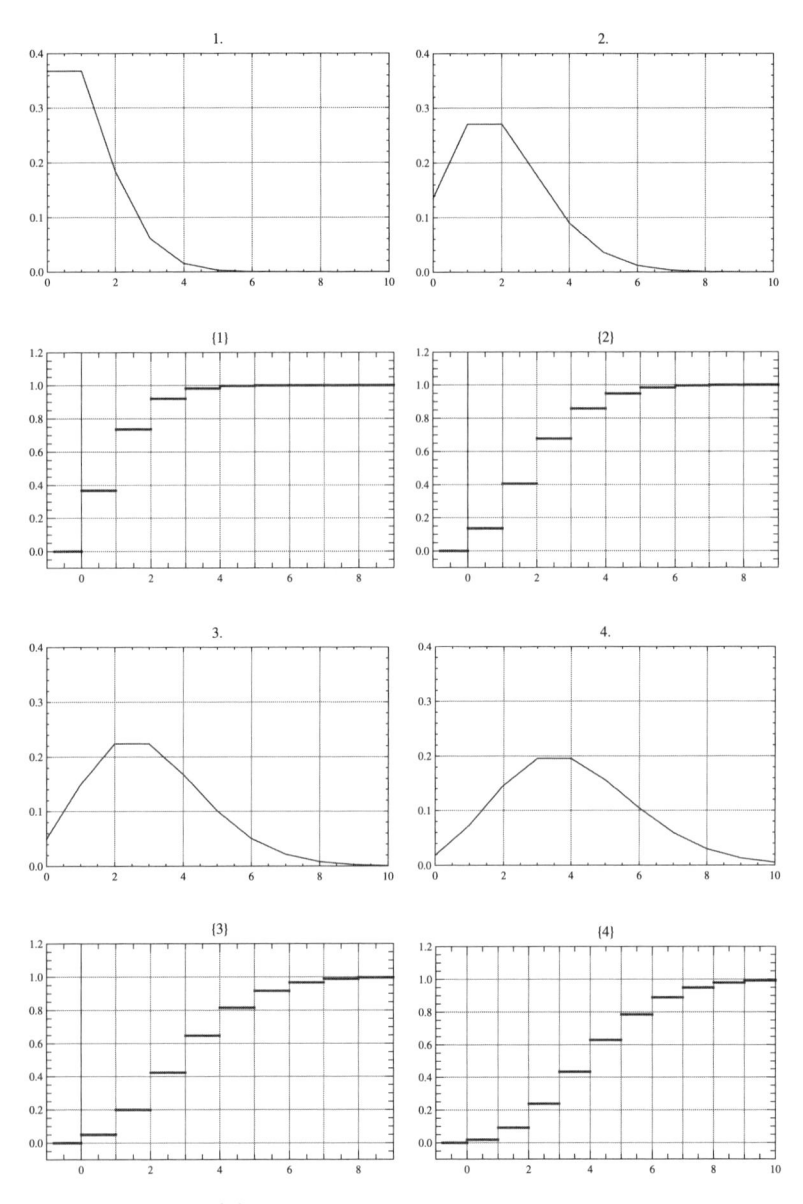

図 3.23: ポアソン分布と累積分布関数

3.6 ポアソン分布

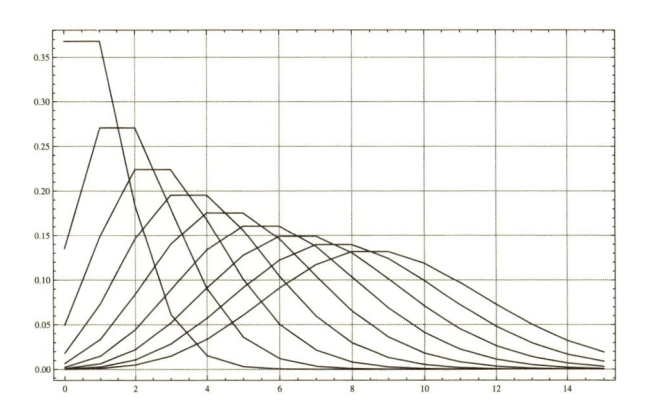

図 3.24: ポアソン分布のパラメータによる違い

$$\begin{aligned}
&= e^{-\mu}\mu \sum_{k=0}^{\infty} \frac{\mu^{k-1}}{(k-1)!} \\
&= e^{-\mu}\mu \left(1 + \frac{\mu}{1!} + \frac{\mu^2}{2!} + \frac{\mu^3}{3!} + \cdots\right) \\
&= e^{-\mu} \cdot \mu \cdot e^{\mu} = \mu
\end{aligned} \tag{3.79}$$

次は, パラメータ μ のポアソン分布の分散が μ であることを証明しておこう. $V(X) = E(X^2) - (E(X))^2$ を利用する. $E(X^2)$ を求めるために, 多少技巧的ではあるが, はじめに $E(X(X-1))$ を求める.

$$\begin{aligned}
E(X(X-1)) &= \sum_{k=1}^{\infty} k(k-1)e^{-\mu} \cdot \frac{\mu^k}{k!} \\
&= e^{-\mu}\mu^2 \sum_{k=1}^{\infty} \frac{\mu^{k-2}}{(k-2)!} \\
&= e^{-\mu}\mu^2 \left(1 + \frac{\mu}{1!} + \frac{\mu^2}{2!} + \cdots\right) \\
&= e^{-\mu}\mu^2 e^{\mu} = \mu^2
\end{aligned} \tag{3.80}$$

一方で, $E(X(X-1)) = E(X^2 - X) = E(X^2) - E(X) = E(X^2) - \mu$ であるから, $E(X^2) = E(X(X-1)) + \mu = \mu^2 + \mu$ となる. これらの結果から, 次のよ

うに分散が求められる．

$$V(X) = E(X^2) - (E(X))^2 = (\mu^2 + \mu) - \mu^2 = \mu \tag{3.81}$$

3.7　いろいろな離散分布

3.7.1　負の2項分布

今まで学んだことを活用し，次の確率を求めてみよう．

問題「普通のサイコロを何回か投げ，⋅が5回出るまでに，⋅以外の目が4回起こる確率を求めよ．」

解答を考えてみよう．⋅が5回，⋅以外が4回起きるのであるから，合計で9回投げることになる．

⋅が5回起きる確率は，$\left(\frac{1}{6}\right)^5$ である．⋅以外が4回起きる確率は，$\left(\frac{5}{6}\right)^4$ である．

「⋅が5回出るまでに，」ということは，最後の5回目には⋅の目が出るので，求める場合は，8回から ⋅の目が4回出る回数を選ぶだけあり，次のようになる．

$$_8\mathrm{C}_4 \left(\frac{1}{6}\right)^5 \times \left(\frac{5}{6}\right)^4 \tag{3.82}$$

このような問題を一般に表したのが，「負の2項分布」である．すなわち，「1回の試行で事象 A の起きる確率」を，$P(A) = p$ とし，「A が起きない確率」を $P(A^C) = q = 1 - p$ と置く．この試行を独立に繰り返して行う．事象 A が k 回起きるまでに，A 以外が起きる回数を確率変数 X とする．x 回起きる確率は次のように表せる．x を変化させれば X の確率分布になる．$n = k + x$ と置く．

$$f_k(x) = P(X = x) = {}_{k+x-1}\mathrm{C}_x p^{k-1} q^x p = {}_{n-1}\mathrm{C}_x p^k q^x \tag{3.83}$$

$k = 5$ と $k = 10$ の場合の負の2項分布のグラフを描くと図3.25, 3.26のようになる．棒グラフでは重なってしまうとわかりにくいので，頂点を線で結んだグラフも描いておく．

3.7 いろいろな離散分布

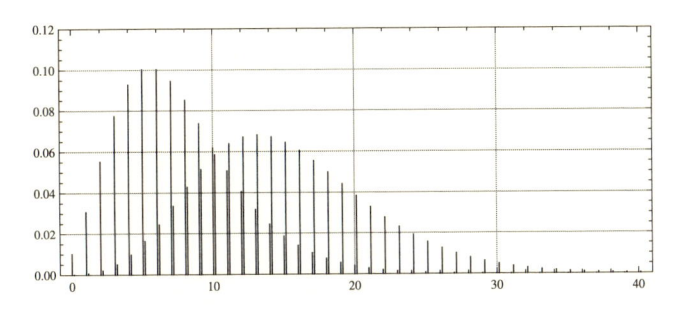

図 3.25: $k = 5$ と $k = 10$, $p = 0.4$ の負の2項分布 (1)

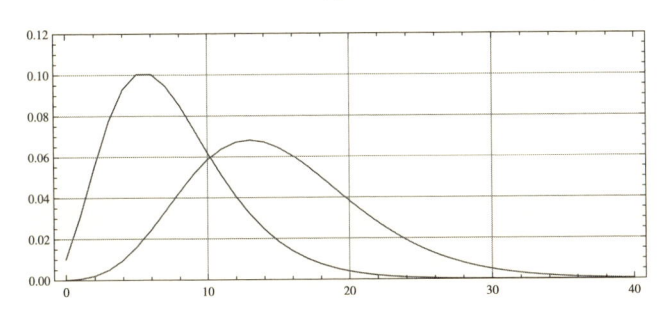

図 3.26: $k = 5$ と $k = 10$, $p = 0.4$ の負の2項分布 (2)

「負の2項分布」と呼ばれる理由は次のように変形できるからである．簡単な例から説明すると，

$$_{(-5)}C_3 = \frac{(-5) \cdot (-5-1) \cdot (-5-2)}{3 \cdot 2 \cdot 1} = (-1)^3 \frac{7 \cdot 6 \cdot 5}{3 \cdot 2 \cdot 1} = (-1)^3 \, _7C_3$$

となり，一般には次のようになる．

$$_{(-k)}C_x = \frac{(-k) \cdot (-k-1) \cdots (-k-(x-1))}{x!} = (-1)^x \, _{x+k-1}C_x$$

負の2項分布の平均値と分散を求めておこう．はじめに，全確率が1となることを確かめておく．ここで，テイラー展開による次の式を使う (テイラー展開については小林著『ファイナンスと微積分』で詳しく述べる)．

$$(z+1)^\alpha = \sum_{m=0}^{\infty} {}_\alpha C_m z^m \tag{3.84}$$

さて，次はパラメータ k の負の 2 項分布の平均を求める．

$$
\begin{aligned}
m &= \sum_{x=0}^{\infty} x \times f_k(x) \\
&= \sum_{x=0}^{\infty} x \times {}_{k+x-1}\mathrm{C}_x p^k q^x \\
&= \sum_{x=0}^{\infty} x \times \frac{(k+x-1)(k+x-2)\cdots(k+x-1-x+1)}{x(x-1)\cdots 2\cdot 1} p^k q^x \\
&= k \sum_{x=0}^{\infty} {}_{k+x-1}\mathrm{C}_{x-1} p^{k+1} q^x \\
&= \frac{kq}{p} \sum_{y=0}^{\infty} {}_{k+y}\mathrm{C}_{y} p^{k+1} q^y \\
&= \frac{qk}{p} \sum_{y=0}^{\infty} f_{k+1}(y) = \frac{kq}{p} \times 1 = \frac{kq}{p}
\end{aligned}
\tag{3.85}
$$

分散は $V(X) = E((X-m)^2) = E(X(X-1)) + E(X) - (E(X))^2$ を用いる．はじめに，

$$
\begin{aligned}
V &= E(X(X-1)) = \sum_{x=0}^{\infty} x(x-1) f_k(x) \\
&= \sum_{x=0}^{\infty} x(x-1) \, {}_{k+x-1}\mathrm{C}_x p^k q^x \\
&= k(k+1) \sum_{x=0}^{\infty} x(x-1) \, {}_{k+x-1}\mathrm{C}_{x-2} p^k q^x \\
&= \frac{q^2 k(k+1)}{p^2}
\end{aligned}
\tag{3.86}
$$

を求め，分散が求められる．

$$
V = E(X(X-1)) + E(X) - (E(X))^2 = \frac{q^2 k(k+1)}{p^2} + \frac{qk}{p} - \left(\frac{qk}{p}\right)^2 = \frac{kq}{p^2} \tag{3.87}
$$

3.7.2 幾何分布

負の 2 項分布において, $k=1$ の場合を, **幾何分布** という. すなわち, 「1 回成功するまでに, 何回失敗しているかの確率分布」である. サイコロ投げでいえば, 「⊡ がはじめて出るまでの, ⊡ 以外の目が出る回数とその確率」である. 硬貨投げでは, 「はじめに表が出るまでの裏の出る回数とその確率」である.

$$f_1(x) = P(X=x) = {}_xC_x q^x p = pq^x \tag{3.88}$$

幾何分布の平均と分散は, 負の 2 項分布の平均と分散で, $k=1$ として得られる.

$$m = E(X) = \frac{q}{p}, \qquad V = E((X-m)^2) = \frac{q}{p^2} \tag{3.89}$$

3.7.3 超幾何分布

壺の中に玉が全部で N 個あり, その中で白玉が M 個で残りは黒玉で $N-M$ 個入っているとする. どの玉も同じ確率で取り出されるとする. 壺から n 個の玉を取り出したとき, 白玉が k 個含まれている確率は次の式で与えられる. 白玉の個数を表す確率変数を X と表す.

$$P(X=k) = P_{N,M}(n,k) = \frac{{}_MC_k \times {}_{N-M}C_{n-k}}{{}_NC_n} \tag{3.90}$$

X の平均と分散は次のようになる.

$$E(X) = \frac{Mn}{N}, \qquad V(X) = \frac{(N-n)n(N-M)M}{(N-1)N^2} \tag{3.91}$$

超幾何分布は非復元抽出の際に現れる分布であるが, $\frac{M}{N}=p$ を一定に保ちながら N を大きくしていくと復元抽出と同じことになっていき次のようになる.

$$\lim_{N\to\infty,\, \frac{M}{N}=p} P_{N,M}(n,k) = {}_nC_k p^k q^{n-k} \tag{3.92}$$

3.8　正規分布

3.8.1　離散分布と連続分布

これまで扱った 2 項分布やポアソン分布は，整数値 k に対して，$P(X = k)$ となる確率が定まった．k は離散量であった．

一方，連続量の分布の場合，確率は確率密度関数における該当する範囲の面積で表せるのであった．

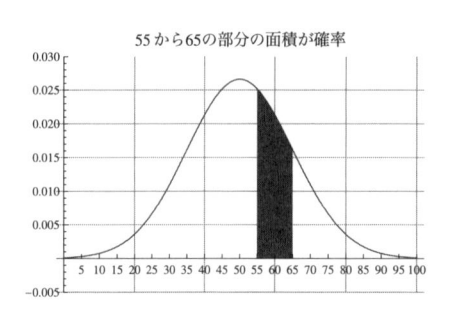

図 3.27: 確率分布の例

例 3.8 確率変数 x の確率密度関数が，$y = f(x) = 0.2x (0 \leqq x \leqq 10)$ の場合 (図 3.28) を考えよう．$P(4 < X < 6)$ となるのは，

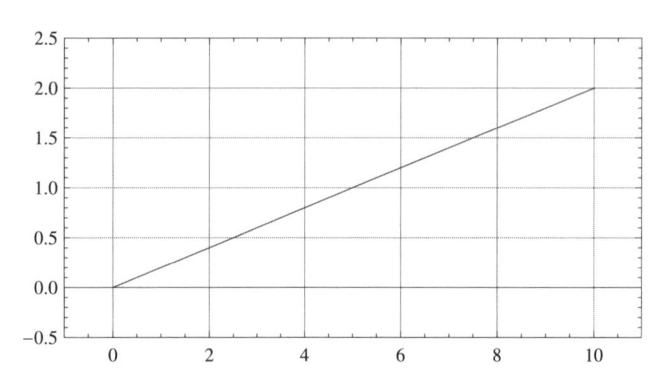

図 3.28: $y = f(x) = 0.2x (0 \leqq x \leqq 10)$

3.8 正規分布

$$P(4 < X < 6) = \int_4^6 0.2x \, dx$$
$$= \left[0.2 \times \frac{x^2}{2}\right]_4^6$$
$$= (0.1 \times 6^2) - (0.1 \times 4^2)$$
$$= 3.6 - 1.6 = 2 \qquad (3.93)$$

であり，図 3.29 のようになる．

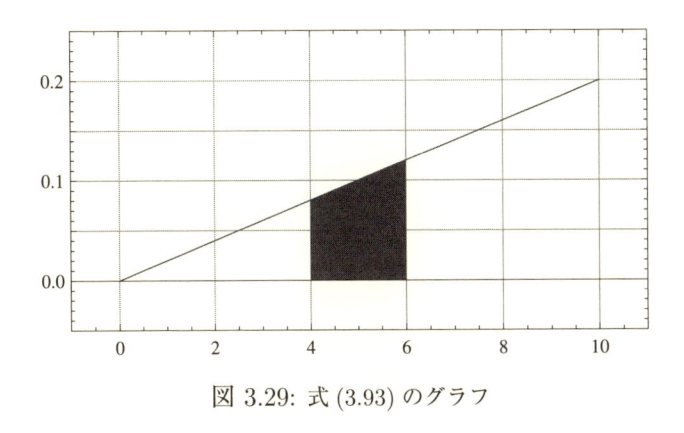

図 3.29: 式 (3.93) のグラフ

例 **3.9** 確率密度関数が，次のように折れ線になっている場合を考えよう．

$$f(x) = \begin{cases} 0.04x, & x \leqq 5 \\ -0.04x + 0.4, & 5 < x \leqq 10 \end{cases} \qquad (3.94)$$

グラフ (図 3.30) 上では，$P(3 < X < 6)$ は網の部分で，その値である確率すなわち面積は次のように計算できる．

$$P(3 < X < 6) = \int_3^5 0.04x \, dx + \int_5^6 (-0.04x + 0.4) \, dx$$
$$= \left[0.04 \times \frac{x^2}{2}\right]_3^5 + \left[-0.04 \times \frac{x^2}{2} + 0.4x\right]_5^6$$

図 3.30: 式 (3.94) のグラフ

$$\begin{aligned}
&= \left(0.04 \times 5^2\right) - \left(0.04 \times 3^2\right) \\
&\quad + \left(-0.04 \times 6^2 + 0.4 \times 6\right) - \left(0.04 \times 5^2 + 0.04 \times 5\right) \\
&= 0.32 + 0.18 = 0.5
\end{aligned} \tag{3.95}$$

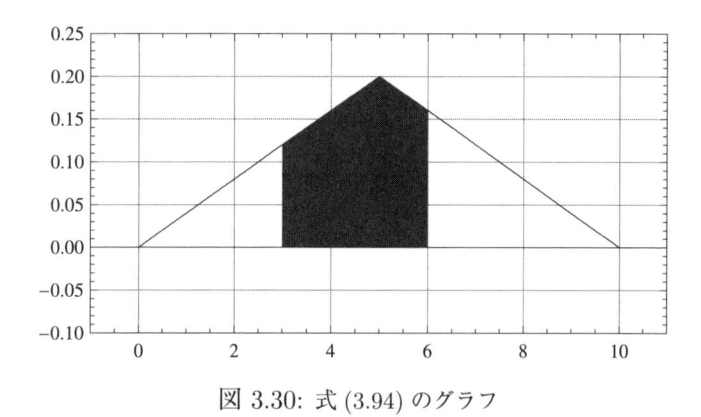

一般に，確率変数 X の確率分布の確率密度関数が $f(x)$ であるとき，次のようになるのであった．

$$P(a < X < b) = \int_a^b f(x)\,dx \tag{3.96}$$

3.8.2 正規分布とは？

正規分布は図 3.31 のような形の分布である．
累積分布関数が図 3.32 のようなグラフになる．
これは，平均値が 50 で，標準偏差が 10(分散は $10^2 = 100$) の正規分布で，確率密度関数は次の式で表せる．

$$f(x) = \frac{1}{\sqrt{2\pi} \times 10} e^{-\frac{(x-50)^2}{2 \times 10^2}} \tag{3.97}$$

標準偏差を 10 のままにし，平均値を 30 から 70 まで変化させると，グラフは図 3.33 (p.70) のように変化する．

3.8 正規分布

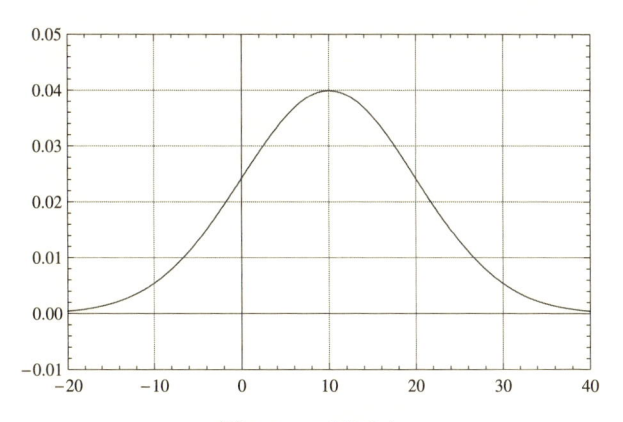

図 3.31: 正規分布

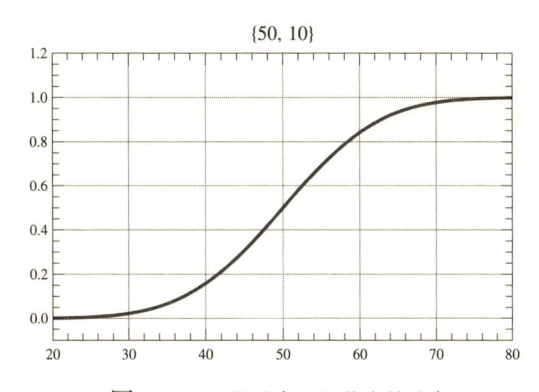

図 3.32: 正規分布の累積度数分布

一番高いところが平均値のところで, 平均値が大きくなるとグラフは次第に右に移動していくことがわかる.

今度は, 平均値を 50 としたまま, 標準偏差 (分散) を 5 から 20 まで変えてみると図 3.34 (p.71) のようなグラフになる.

標準偏差 (分散) が小さいと, 分布の形は平均値の周りに集中していて, グラフはとがった形である. 標準偏差 (分散) が大きいと, 平均値から離れた方まで分布が広がっているのがわかる.

一般に, 平均値 m, 標準偏差 σ, 分散 σ^2 の正規分布の確率密度関数は次の式

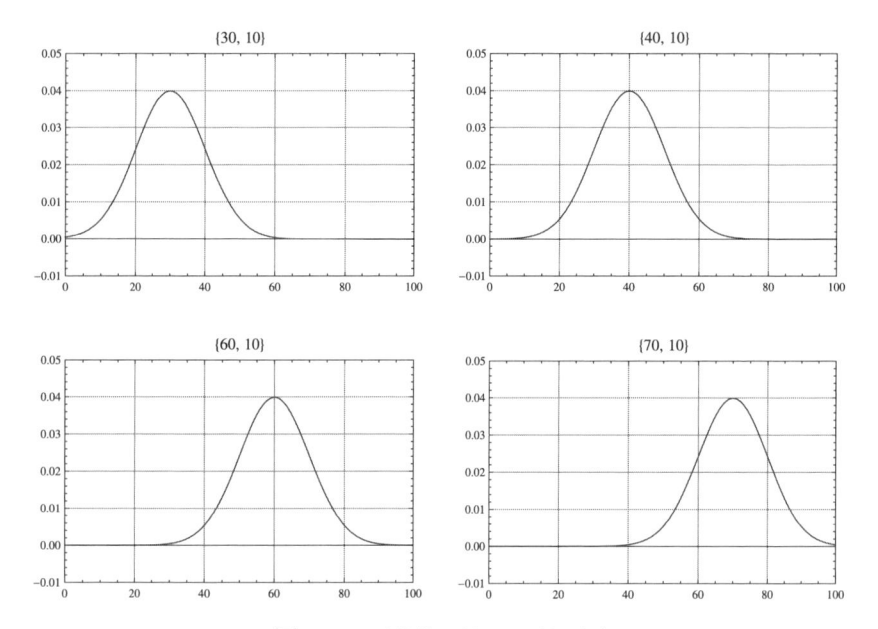

図 3.33: 平均値の異なる正規分布

で表せる.

$$f(x) = \frac{1}{\sqrt{2\pi}\sigma} e^{-\frac{(x-m)^2}{2\times\sigma^2}} \tag{3.98}$$

この場合, 全確率が 1, つまり, 全面積が 1 であることを計算で確かめておこう.

$$I = \int_{-\infty}^{\infty} f(x)\,dx = \int_{-\infty}^{\infty} \frac{1}{\sqrt{2\pi}\sigma} e^{-\frac{(x-m)^2}{2\times\sigma^2}}\,dx = 1 \tag{3.99}$$

原始関数は求められないので, 次のような工夫をする. わかりやすくするため, 次の式を証明する.

$$M = \int_{-\infty}^{\infty} e^{-kx^2}\,dx = \sqrt{\frac{\pi}{k}} \tag{3.100}$$

わざわざ M^2 を求める. 途中, 2 次元の平面座標 xy を極座標 $t\theta$ に変換し, $dx\,dy = r\,dr\,d\theta$ を用いる.

$$M^2 = \left(\int_{-\infty}^{\infty} e^{-kx^2}\,dx\right) \times \left(\int_{-\infty}^{\infty} e^{-ky^2}\,dy\right)$$

3.8 正規分布

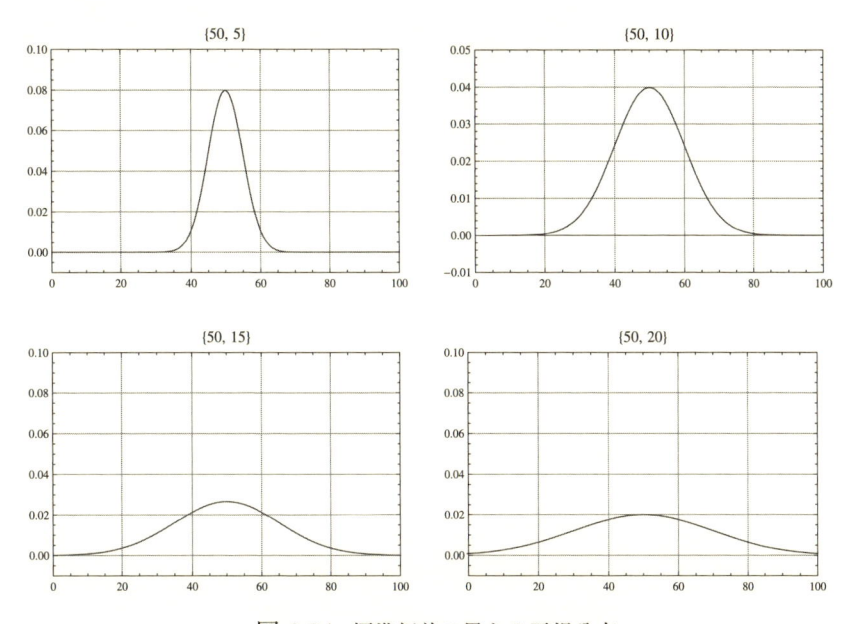

図 3.34: 標準偏差の異なる正規分布

$$= \left(\int_0^\infty re^{-kr^2}\,dr\right) \times \left(\int_0^{2\pi} 1\,d\theta\right)$$

$$= \left[-\frac{1}{2k}e^{-kr^2}\right]_0^\infty \times 2\pi$$

$$= 2\pi \times \left(-\frac{1}{2k}\right) \times (0-1)$$

$$= 2\pi \times \frac{1}{2k} = \frac{\pi}{k} \tag{3.101}$$

$$M = \sqrt{\frac{\pi}{k}} \tag{3.102}$$

$k = \frac{1}{2\sigma^2}$ と置けば, 正規分布の計算になる.

$$I = \int_{-\infty}^\infty f(x)\,dx = \int_{-\infty}^\infty \frac{1}{\sqrt{2\pi}\sigma}e^{-\frac{(x-m)^2}{2\times\sigma^2}}\,dx = \frac{1}{\sqrt{2\pi}\sigma} \times \sqrt{\frac{\pi}{\frac{1}{2\sigma^2}}} = 1 \tag{3.103}$$

平均値が本当に m になることは次の計算からわかる．平均値は，

$$I = \int_{-\infty}^{\infty} x f(x) \, dx \tag{3.104}$$

であった．

$xf(x)$ の積分を，$((x-m)+m)f(x) = (y+m)f(x)$ と分解してやる．$y = x-m, x = y+m$ なので，$dy = dx$ となる．

$$\begin{aligned} I &= \int_{-\infty}^{\infty} y f(y) \, dy + \int_{-\infty}^{\infty} m f(x) \, dx \\ &= 0 + m = m \end{aligned} \tag{3.105}$$

前半の積分が 0 になるのは，$f(x)$ は原点を基にして左右対称のグラフつまり，偶関数であり，そこへ原点対称の y をかけるので，$yf(y)$ は原点対称の奇関数である．奇関数を左右同じ範囲で積分すると 0 になることからわかる．後半の積分が m になるのは，全確率が 1 であることからわかる．

最後に，分散の計算を紹介しておこう．

$$\begin{aligned} V = 分散 &= \int_{-\infty}^{\infty} (x-m)^2 f(x) \, dx \\ &= \int_{-\infty}^{\infty} (x-m)^2 \frac{1}{\sqrt{2\pi}\sigma} e^{\frac{(x-m)^2}{2\sigma^2}} \, dx \end{aligned} \tag{3.106}$$

ここで，$y = \frac{x-m}{\sigma}$ と変数変換すると，$x-m = \sigma y$, $dy = \frac{1}{\sigma}dx$, $dx = \sigma dy$ となり，

$$\begin{aligned} V &= \int_{-\infty}^{\infty} \sigma^2 y^2 \cdot \frac{1}{\sqrt{2\pi}\sigma} e^{-\frac{y^2}{2}} \sigma dy \\ &= \frac{\sigma^2}{\sqrt{2\pi}} \int_{-\infty}^{\infty} y^2 e^{-\frac{y^2}{2}} \, dy \\ &= \frac{\sigma^2}{\sqrt{2\pi}} \times \sqrt{2\pi} = \sigma^2 \end{aligned} \tag{3.107}$$

最後の等式は，次の式を示せばよい．

$$\int_{-\infty}^{\infty} y^2 e^{-\frac{y^2}{2}} \, dy = \sqrt{2\pi} \tag{3.108}$$

これは，全確率が1であるとき示した次の両辺を，k で微分すればよい．

$$\int_{-\infty}^{\infty} e^{-kx^2}\,dx = \sqrt{\frac{\pi}{k}} \tag{3.109}$$

$$\int_{-\infty}^{\infty} \left(-x^2 e^{-kx^2}\right)\,dx = -\frac{\sqrt{\pi}}{2}k^{-\frac{3}{2}} \tag{3.110}$$

$k = \frac{1}{2}$ と置いて

$$\begin{aligned}\int_{-\infty}^{\infty} \left(x^2 e^{-\frac{1}{2}x^2}\right)\,dx &= \frac{\sqrt{\pi}}{2}\left(\frac{1}{2}\right)^{-\frac{3}{2}} \\ &= \sqrt{2\pi}\end{aligned} \tag{3.111}$$

3.8.3 標準正規分布

確率変数 X が，平均が m で標準偏差が σ の正規分布をするとき，次の式で定まる確率変数 Y は，平均が 0 で，標準偏差が 1 の正規分布をする．

$$Y = \frac{X - m}{\sigma} \tag{3.112}$$

この，平均が 0 で，標準偏差が 1 の正規分布を，**標準正規分布**という．

上の変換をすることで，すべての正規分布は標準正規分布に帰着できる．

標準正規分布について，0 から t までの確率 $P(0 < X < t)$ を計算して，表を作っておくと便利である (付表 1)．

この表があれば，次のようにいろいろな範囲の確率が容易に求められる．

(1) $P(0 < X < 1.68) = 0,4535$

(2) $P(1.02 < X < 2.03) = P(0 < X < 2.03) - P(0 < X < 1.02)$
$= 0.4778 - 0.3437 = 0.1341$

(3) $P(X > 1.89) = 0.5 - P(0 < X < 1.89) = 0.5 - 0.4706 = 0.0294$

(4) $P(-1.96 < X < 0) = P(0 < X < 1.96) = 0.4750$

(5) $P(-1.96 < X < 1.89) = P(-1.96 < X < 0) + P(0 < X < 1.89)$

付表 1

	0.	0.01	0.02	0.03	0.04	0.05	0.06	0.07	0.08	0.09
0.	0	0.0039	0.0079	0.0119	0.0159	0.0199	0.0239	0.0279	0.0318	0.0358
0.1	0.0398	0.0437	0.0477	0.0517	0.0556	0.0596	0.0635	0.0674	0.0714	0.0753
0.2	0.0792	0.0831	0.087	0.0909	0.0948	0.0987	0.1025	0.1064	0.1102	0.114
0.3	0.1179	0.1217	0.1255	0.1293	0.133	0.1368	0.1405	0.1443	0.148	0.1517
0.4	0.1554	0.159	0.1627	0.1664	0.17	0.1736	0.1772	0.1808	0.1843	0.1879
0.5	0.1914	0.1949	0.1984	0.2019	0.2054	0.2088	0.2122	0.2156	0.219	0.2224
0.6	0.2257	0.229	0.2323	0.2356	0.2389	0.2421	0.2453	0.2485	0.2517	0.2549
0.7	0.258	0.2611	0.2642	0.2673	0.2703	0.2733	0.2763	0.2793	0.2823	0.2852
0.8	0.2881	0.291	0.2938	0.2967	0.2995	0.3023	0.3051	0.3078	0.3105	0.3132
0.9	0.3159	0.3185	0.3212	0.3238	0.3263	0.3289	0.3314	0.3339	0.3364	0.3389
1.	0.3413	0.3437	0.3461	0.3484	0.3508	0.3531	0.3554	0.3576	0.3599	0.3621
1.1	0.3643	0.3665	0.3686	0.3707	0.3728	0.3749	0.3769	0.3789	0.3809	0.3829
1.2	0.3849	0.3868	0.3887	0.3906	0.3925	0.3943	0.3961	0.3979	0.3997	0.4014
1.3	0.4031	0.4049	0.4065	0.4082	0.4098	0.4114	0.413	0.4146	0.4162	0.4177
1.4	0.4192	0.4207	0.4221	0.4236	0.425	0.4264	0.4278	0.4292	0.4305	0.4318
1.5	0.4331	0.4344	0.4357	0.4369	0.4382	0.4394	0.4406	0.4417	0.4429	0.444
1.6	0.4452	0.4463	0.4473	0.4484	0.4494	0.4505	0.4515	0.4525	0.4535	0.4544
1.7	0.4554	0.4563	0.4572	0.4581	0.459	0.4599	0.4607	0.4616	0.4624	0.4632
1.8	0.464	0.4648	0.4656	0.4663	0.4671	0.4678	0.4685	0.4692	0.4699	0.4706
1.9	0.4712	0.4719	0.4725	0.4731	0.4738	0.4744	0.475	0.4755	0.4761	0.4767
2.	0.4772	0.4777	0.4783	0.4788	0.4793	0.4798	0.4803	0.4807	0.4812	0.4816
2.1	0.4821	0.4825	0.4829	0.4834	0.4838	0.4842	0.4846	0.4849	0.4853	0.4857
2.2	0.486	0.4864	0.4867	0.4871	0.4874	0.4877	0.488	0.4883	0.4886	0.4889
2.3	0.4892	0.4895	0.4898	0.49	0.4903	0.4906	0.4908	0.4911	0.4913	0.4915
2.4	0.4918	0.492	0.4922	0.4924	0.4926	0.4928	0.493	0.4932	0.4934	0.4936
2.5	0.4937	0.4939	0.4941	0.4942	0.4944	0.4946	0.4947	0.4949	0.495	0.4952
2.6	0.4953	0.4954	0.4956	0.4957	0.4958	0.4959	0.496	0.4962	0.4963	0.4964
2.7	0.4965	0.4966	0.4967	0.4968	0.4969	0.497	0.4971	0.4971	0.4972	0.4973
2.8	0.4974	0.4975	0.4975	0.4976	0.4977	0.4978	0.4978	0.4979	0.498	0.498
2.9	0.4981	0.4981	0.4982	0.4983	0.4983	0.4984	0.4984	0.4985	0.4985	0.4986
3.	0.4986	0.4986	0.4987	0.4987	0.4988	0.4988	0.4988	0.4989	0.4989	0.4989
3.1	0.499	0.499	0.499	0.4991	0.4991	0.4991	0.4992	0.4992	0.4992	0.4992

3.8 正規分布

$$= 0.4750 + 0.4706 = 0.9456$$

(6) $P(X < 2.73) = 0.5 + P(0 < X < 2.73) = 0.5 + 0.4968 = 0.9968$

確率変数 Y が, 平均 40, 標準偏差 5 の正規分布をしている場合, 前に述べた通り, 次の変換を施した確率変数 X は, 平均 0 で, 標準偏差が 1 の正規分布に従う.

$$X = \frac{Y - 40}{5} \tag{3.113}$$

したがって, $P(45 < Y < 55)$ の確率は, X を用いて, 次のように計算される.

$$\begin{aligned}
P(45 < Y < 55) &= P\left(\frac{45 - 40}{5} < \frac{Y - 40}{5} < \frac{55 - 40}{5}\right) \\
&= P\left(\frac{45 - 40}{5} < X < \frac{55 - 40}{5}\right) \\
&= P(1 < X < 3) \\
&= P(0 < X < 3) - P(0 < X < 1) \\
&= 0.4986 - 0.3413 = 0.1573
\end{aligned} \tag{3.114}$$

ところで, よく使われる範囲と確率として, 次の値がある.

$$P(m - \sigma < Y < m + \sigma) = P(-1 < X < 1) = 0.6826 \tag{3.115}$$
$$P(m - 2\sigma < Y < m + 2\sigma) = P(-2 < X < 2) = 0.9544 \tag{3.116}$$
$$P(m - 1.96\sigma < Y < m + 1.96\sigma) = P(-1.96 < X < 1.96) = 0.95 \tag{3.117}$$
$$P(m - 3\sigma < Y < m + 3\sigma) = P(-3 < X < 3) = 0.9972 \tag{3.118}$$

覚えておくと便利な範囲と確率は, 次の範囲と確率である.
(1) 平均値プラスマイナス標準偏差の間の確率は約 68%
(2) 平均値プラスマイナス 2 倍の標準偏差の間の確率は約 95%, 少し詳しくうときは, 平均値プラスマイナス 1.96 倍の標準偏差の間の確率は約 95%
(3) 平均値プラスマイナス 3 倍の標準偏差の間の確率は約 99.7%

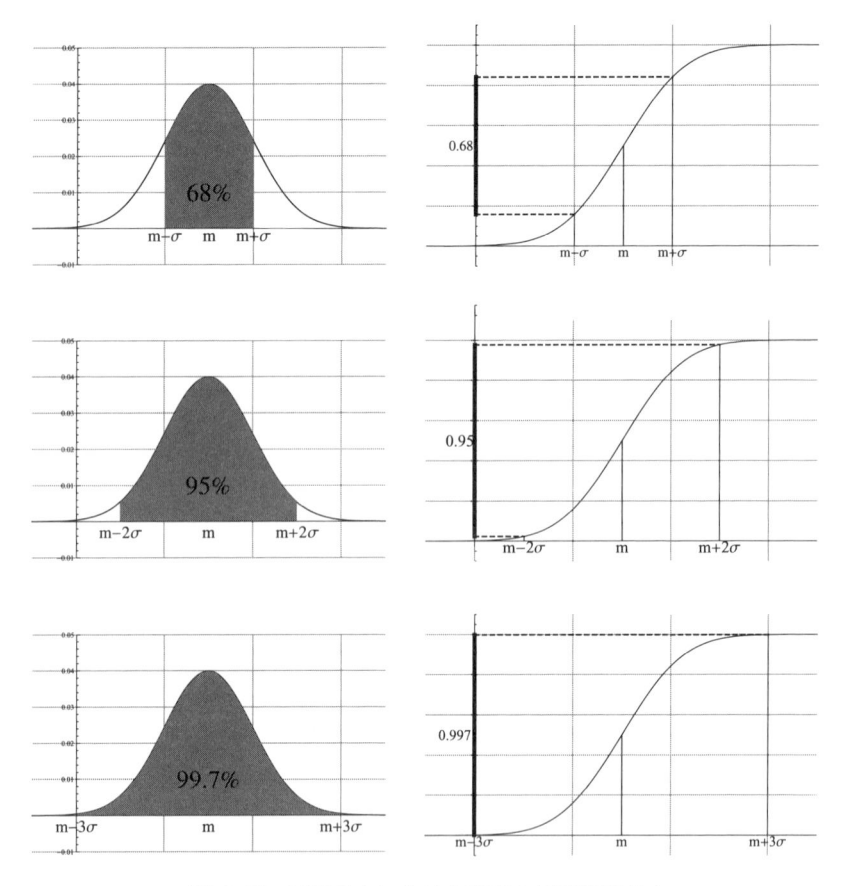

図 3.35: 正規分布における確率と累積度数分布

3.9 いろいろな連続分布

3.9.1 一様分布

例 **3.10** 密度関数が $x < 2$ において 0, $2 \leq x \leq 4$ において 0.5, $x > 2$ において 0 とする.このような分布を 一様分布という.

この分布は図 3.36 のようになる.また,平均は 3 と求められる.

3.9 いろいろな連続分布

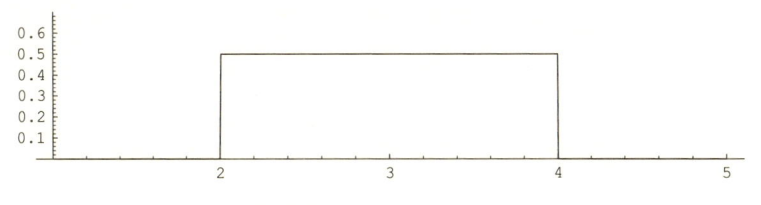

図 3.36: 一様分布

$$\int_2^4 x\, f(x)\, dx = \int_2^4 x \times 0.5\, dx = 0.5\left[\frac{x^2}{2}\right]_2^4 = 3 \tag{3.119}$$

一般に,確率が有限の区間 $[a, b]$ に分布する確率変数があり,確率密度関数が次のようになる場合,**一様分布** という.

$$f(x) = \begin{cases} \dfrac{1}{b-a}, & a \leq x \leq b \\ 0, & x < a \text{ または } x > b \end{cases}$$

一様分布の平均と分散は次のようになる.

$$E(X) = \frac{a+b}{2}, \quad V(X) = \frac{(b-a)^2}{12} \tag{3.120}$$

一様分布の分布関数は次のようになる.

$$F(x) = \begin{cases} 0, & x \leq a \\ \dfrac{x-a}{b-a}, & a < x < b \\ 1, & b \leq x \end{cases} \tag{3.121}$$

3.9.2 指数分布

密度関数が次の式で表せる連続確率分布は,パラメータ λ の **指数分布** と呼ばれる.

$$f(x) = \begin{cases} \lambda e^{-\lambda x}, & x \geq 0 \\ 0, & x < 0 \end{cases} \tag{3.122}$$

相次いで起きる事象の出現する時間間隔は指数分布することが多い．その他，電話の待ち時間，銀行の窓口への到着時間，いろいろなシステムが故障するまでの時間等である．

パラメータ λ の指数分布する確率変数 X の平均と分散は次のようになる．

$$E(X) = \frac{1}{\lambda}, \qquad V(X) = \frac{1}{\lambda^2} \tag{3.123}$$

パラメータ λ の値の違いによる指数分布のグラフは図 3.37 のようになる．λ の値は 1 から 3 までを 0.5 刻みに変化させている．λ の値は，$x = 0$ のところに現れている．

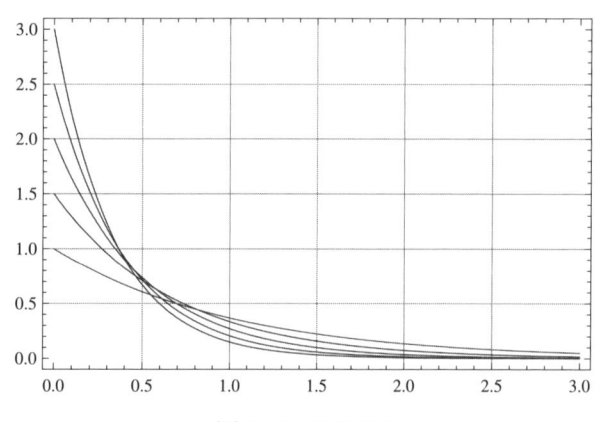

図 3.37: 指数分布

3.9.3 コーシー分布

次のようなパラメータ m と a をもつ確率密度関数に従う確率変数 X の分布を，コーシー分布という．

$$f(x) = \frac{a}{\pi} \times \frac{1}{(x-m)^2 + a^2} \tag{3.124}$$

累積分布関数は次のようになる．

$$F(x) = \frac{1}{\pi} \times \arctan\left(\frac{x-m}{a}\right) + \frac{1}{2} \tag{3.125}$$

3.9 いろいろな連続分布

コーシー分布の平均は, $\frac{|x|}{(x-m)^2+a^2}$ の $-\infty < x < \infty$ での積分が発散するので存在しない. したがって, 分散や標準偏差も存在しない. 分布の形は正規分布に似ているが, 正規分布より中央がとがっている. 平均が存在しないことからもわかるように, いわゆる裾の重い (heavy tailed) 分布で遠くにも一定の確率がある.

$a = 3$ とし, $m = -2, m = 0, m = 2, m = 4$ の場合の分布は図 3.38 のようになる.

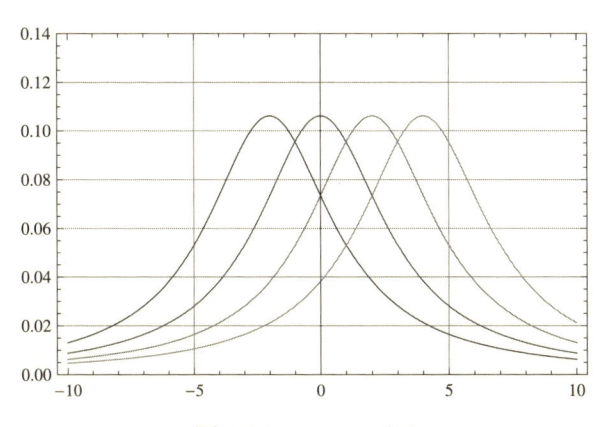

図 3.38: コーシー分布

コーシー分布する現象はいくつか知られている. 放射線の線スペクトルの強度の分布などや株価のある種の方法での分布でも使えるという人もいる.

また, X_1 と X_2 が標準正規分布をするとき, その比 $\frac{X_1}{X_2}$ はコーシー分布をする.
コーシー分布は標本分布論で必要な t 分布において, 自由度が 1 の場合でもある (t 分布については, 小林著『ファイナンスと統計』を参照). t 分布は自由度が 1 より大きければ平均は 0 である.

また, コーシー分布する確率変数の和の分布もコーシー分布をするため, 標本平均が正規分布に近くなるという中心極限定理が成り立たない分布でもある.

というわけで,「タチの悪い分布」といわれることもある.

3.9.4 ベータ分布

密度関数が次の式で与えられる連続確率分布は，ベータ分布 と呼ばれる．

$$f(x) = \begin{cases} \dfrac{1}{B(\alpha,\beta)} x^{\alpha-1}(1-x)^{\beta-1}, & 0 \leq x \leq 1 \\ 0, & x < 0 \text{ または } x > 1 \end{cases} \quad (3.126)$$

ここで，$B(\alpha,\beta)$ は次の式で定まるベータ関数である．

$$B(\alpha,\beta) = \int_0^1 t^{\alpha-1}(1-t)^{\beta-1}\,dt \quad (3.127)$$

$\alpha = 2$ としておき，β を 2 から 6 まで変化させたときのグラフは図 3.39 のようになる．

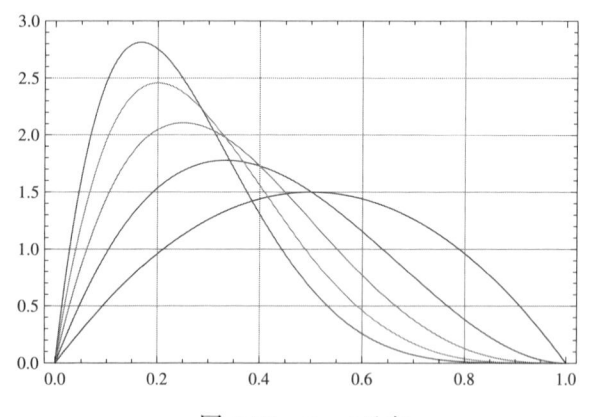

図 3.39: ベータ分布

ベータ分布の平均と分散は次のようになる．

$$X(X) = \frac{\alpha}{\beta} \quad (3.128)$$

$$V(X) = \frac{\alpha\beta}{(\alpha+\beta)^2(1+\alpha+\beta)} \quad (3.129)$$

3.9.5 ガンマ分布

密度関数が次の式で与えられる連続確率分布は，ガンマ分布 と呼ばれる．

$$f(x) = \begin{cases} \dfrac{1}{\Gamma(\alpha)\beta^\alpha} x^{\alpha-1} e^{-\frac{x}{\beta}}, & x \geq 0 \\ 0, & x < 0 \end{cases} \quad (3.130)$$

ここで，$\Gamma(\alpha, \beta)$ は次の式で定まるガンマ関数である．

$$\Gamma(\alpha) = \int_0^\infty t^{\alpha-1} e^{-t}\, dt \quad (3.131)$$

$\alpha = 2$ としておき，β を 2 から 6 まで変化させたときのグラフは図 3.40 のようになる．

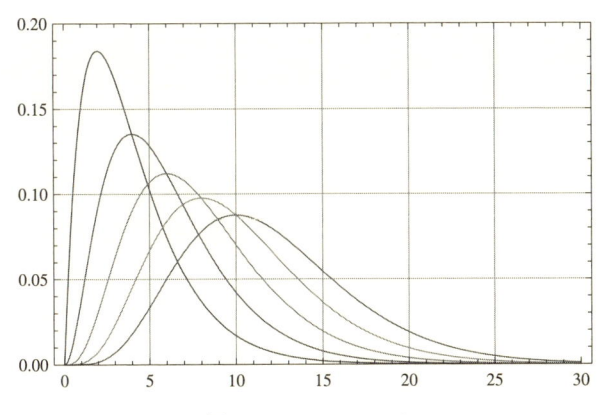

図 3.40: ガンマ分布

ガンマ分布は，電子部品の寿命分布や通信工学におけるある種の待ち時間分布などが実際の例になる．

ガンマ分布の平均と分散は次のようになる．

$$X(X) = \alpha\beta \quad (3.132)$$

$$V(X) = \alpha\beta^2 \quad (3.133)$$

3.10　大数の法則

確率の定義そのものに関係するのが，「相対頻度の安定性」であるが，これをきちんとした枠組みで表現するのが「大数の法則」である．

大数の法則を扱う中で，確率変数列の収束についても明確にしていこう．

3.10.1　大数の弱法則

相対頻度の安定性を実験的に調べた内容を，数学的に表現してみよう．硬貨を1回投げて表の出る確率を $p = \frac{1}{2}$ とする．サイコロを1回投げて ⚀ が出る確率を $p = \frac{1}{6}$ とする．

一般に，1回の試行で事象 A の起きる確率を $p = P(A)$ とする．

ここで，硬貨投げの場合は表が出たら 1 を，裏が出たら 0 を与える確率変数を設定するのであるが，1回目の結果，2回目の結果を区別するために，確率変数列，$X_1, X_2, X_3, \cdots$，を設定する．それぞれの分布は同じであり，互いに独立であるとする．

$$X_k = \begin{cases} 1 & \cdots 表が出る場合 \\ 0 & \cdots 裏が出る場合 \end{cases} \tag{3.134}$$

$$P(X_k = 1) = \frac{1}{2}, \quad P(X_k = 0) = \frac{1}{2} \tag{3.135}$$

サイコロ投げで ⚀ が出る場合も含め，次のように設定する．

$$P(A) = p \tag{3.136}$$

$$X_k = \begin{cases} 1 & \cdots A が起きる場合 \\ 0 & \cdots A が起きない場合 \end{cases} \tag{3.137}$$

$$P(X_k = 1) = p, \quad P(X_k = 0) = q = 1 - p \tag{3.138}$$

この確率変数の平均と分散，標準偏差は次のようになる．

$$平均 = 1 \times p + 0 \times q = p \tag{3.139}$$

3.10 大数の法則

$$\text{分散} = (1-p)^2 \times 1 + (0-p)^2 \times 0 = (1-p)^2 = q^2 \tag{3.140}$$

$$\text{標準偏差} = \sqrt{\text{分散}} = 1-p = q \tag{3.141}$$

このように設定すると,「硬貨を 6 回投げて表が 3 回出た」ということは, $S_6 = X_1 + X_2 + X_3 + X_4 + X_5 + X_6 = 3$ と表せる.「硬貨を 6 回投げて表が出た相対頻度」は次のようになる.

$$\frac{S_6}{6} = \frac{X_1 + X_2 + X_3 + X_4 + X_5 + X_6}{6} \tag{3.142}$$

一般に,「n 回の試行で事象 A が起きる相対頻度」は次のように表せる.

$$\frac{S_n}{n} = \frac{X_1 + X_2 + X_3 + \cdots + X_{n-1} + X_n}{n} \tag{3.143}$$

実際の硬貨投げの場合, 大数の弱法則というのは, 20 人が何回か投げた場合の表の出る相対頻度は, 0.5 を中心に前後, 小さい変動の幅に収まってしまう. 投げる回数を増やせば, 変動の幅はどんどん小さくなっていく, という内容であった (図 3.41).

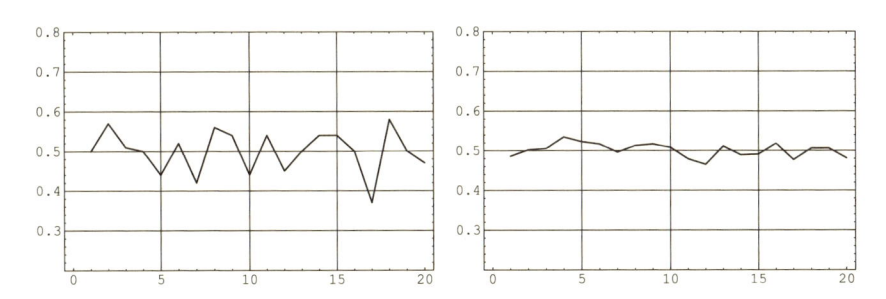

図 3.41: 100 回 (左) と 1000 回 (右) の試行の相対頻度の 20 人の違い

これを少し表現を変え,「相対頻度の 20 人のブレを 0.5 プラスマイナス 0.01 の範囲に収められるか. できる! 投げる回数を 1000 回以上にすれば大丈夫. でも, 20 人ではなくて 1000 人とかがやればこの幅をはずれる人も出てくるけれど. でも, それも投げる回数を増やせばこの狭い範囲に入る人の割合もいくらでも 1 に近くできる. つまり, 0.5 プラスマイナス 0.01 の範囲に収められる人の割合・確率はいくらでも 1 に近くできる」, ということになる.

これを数学の設定した用語と式で表すと次のようになる．

どんなに小さい数 $\epsilon > 0$ と，どんなに 1 に近い数 δ についても，十分大きな数 N がとれて，$n > N$ について次の式が成り立つ．

$$P\left(\left|\frac{S_n}{n} - p\right| < \epsilon\right) > \delta \tag{3.144}$$

上の式は，硬貨投げやサイコロ投げを表現したものであるが，大数の弱法則はもう少し一般にも成り立つ．すなわち，互いに独立な確率変数列 $X_1, X_2, \cdots X_n$ があり，その平均を $m = E(X_i)$ と置き，$S_n = \frac{X_1 + X_2 + \cdots + X_n}{n}$ と置くと，次のことが成り立つ．

どんなに小さい数 $\epsilon > 0$ と，どんなに 1 に近い数 δ についても，十分大きな数 N がとれて，$n > N$ について次の式が成り立つ．

$$P\left(\left|\frac{S_n}{n} - m\right| < \epsilon\right) > \delta \tag{3.145}$$

この法則を数学的に証明しておこう．そのためには次のようなチェビシェフの不等式を示しておく．確率変数 X の平均が $m = E(X)$ であり，分散を $\sigma^2 = V(X) = E\left((X-m)^2\right)$ と置くと，次の不等式が成り立つ．

$$P(|X - m| \geq k\sigma) \leq \frac{1}{k^2} \tag{3.146}$$

チェビシェフの不等式を証明するには離散分布と連続分布を，一応分けて示す．

はじめに離散分布の場合であるが，分散の計算を，一部分の範囲だけに行うことから不等式が導ける．

$$\begin{aligned}
\sigma^2 = E\left((X-m)^2\right) &= \sum_{\text{すべての範囲}} (X - m)^2 \\
&\geq \sum_{|X-m| \geq k\sigma \text{の範囲}} (X - m)^2 \\
&\geq \sum_{|X-m| \geq k\sigma \text{の範囲}} k^2 \sigma^2 \\
&= k^2 \sigma^2 P\left(|Y - m| \geq k\sigma\right)
\end{aligned} \tag{3.147}$$

3.10 大数の法則

$$P(|X-m| \geq k\sigma) \leq \frac{1}{k^2} \tag{3.148}$$

確率密度関数 $f(x)$ をもつ連続分布の場合もほとんど同じである．

$$\begin{aligned}
\sigma^2 = E\left((X-m)^2\right) &= \int_{\text{すべての範囲}} (x-m)^2 f(x)\, dx \\
&\geq \int_{|x-m| \geq k\sigma \text{の範囲}} (x-m)^2 f(x)\, dx \\
&\geq \int_{|x-m| \geq k\sigma \text{の範囲}} k^2\sigma^2 f(x)\, dx \\
&= k^2\sigma^2 \int_{|x-m| \geq k\sigma \text{の範囲}} f(x)\, dx \\
&= k^2\sigma^2 P(|Y-m| \geq k\sigma)
\end{aligned} \tag{3.149}$$

$$P(|X-m| \geq k\sigma) \leq \frac{1}{k^2} \tag{3.150}$$

余事象の確率を考えて，次の不等式が成り立つ．

$$P(|X-m| \leq k\sigma) \geq 1 - \frac{1}{k^2} \tag{3.151}$$

ここで，元の確率変数の相対頻度を表す確率変数 $Y = \frac{S}{n}$ を適用すると，X の平均が m で，分散が σ^2 のとき，Y の平均は m で分散は，$\frac{\sigma^2}{n}$ であった．これらを上のチェビシェフの不等式に代入すると次のようになる．

$$P\left(|Y-m| \leq k\frac{\sigma}{n}\right) \geq 1 - \frac{1}{k^2} \tag{3.152}$$

ここで，$k\frac{\sigma}{n} = \epsilon$ と置くと，次のようになる．

$$P(|Y-m| \leq \epsilon) \geq 1 - \frac{\sigma^2}{n^2\epsilon^2} \tag{3.153}$$

大数の法則の元は，任意のいくらでも小さい正の数 ϵ と 1 にいくらでも近い数 δ について，n を大きくすれば，$P(|Y-m| \leq \epsilon) \geq \delta$ とできるか．であったから，n を大きくすれば，$1 - \frac{\sigma^2}{n^2\epsilon^2} > \delta$ とできることを示せばよい．

不等式を変形してやれば，$n > \frac{\sigma}{\epsilon} \cdot \frac{1}{\sqrt{1-\delta}}$ となるので，n をこのように大きくとれるので，命題は成り立つことになる．

大数の弱法則は次のように極限を用いて表した方がわかりやすかったかもしれないが, 同じことである.

$$\lim_{n\to\infty} P\left(\left|\frac{S_n}{n} - m\right| < \epsilon\right) = 1 \tag{3.154}$$

このような形で, 確率変数列 $\frac{S_n}{n}$ が m に収束する場合に, **確率収束する** という. 収束する先は定数でなくても, 別の定まった確率変数でもよい. 確率変数列 X_n が確率変数 Y に確率収束するとは, 次の式が任意の $\epsilon > 0$ について成り立つことである.

$$\lim_{n\to\infty} P(|X_n - Y| < \epsilon) = 1 \tag{3.155}$$

同じことであるが, 次のようにも表せる.

$$\lim_{n\to\infty} P(|X_n - Y| > \epsilon) = 0 \tag{3.156}$$

このとき, 「$X_n \to Y$ 確率収束」あるいは, 「$X_n \to Y$ in pr」のように表す.

3.10.2 大数の強法則

硬貨投げやサイコロ投げの場合にみたような大数の強法則は, 「誰でも, 相対頻度の変化は, 投げる回数を多くしていけば次第に $p = \frac{1}{2}$ や, $p = \frac{1}{6}$ に近くなっていく.」という内容であった. 図をもう一度示しておく (図 3.42). 10 人が 10000 回投げたときの相対頻度の変化を示している.

この法則を数学的に表現すると次のようになる.

「誰でも確実に, どんなに小さな正の数 ϵ に対しても, 十分大きな数 N が定められて, $n > N$ なら $\left|\frac{S_n}{n} - 0.5\right| < \epsilon$ が, 成り立つ. これは, 次のように表すこともできる.

$$P\left(\lim_{n\to\infty} \frac{S_n}{n} = 0.5\right) = 1 \tag{3.157}$$

硬貨投げやサイコロ投げ以外でも一般に次のように表現できる.

「互いに独立な確率変数列 $X_1, X_2, \cdots X_n$ があり, その平均を $m = E(X_i)$ と置き, $S_n = \frac{X_1 + X_2 + \cdots + X_n}{n}$ と置くと, 次のことが成り立つ.

3.10 大数の法則

10000回までの相対頻度の変化

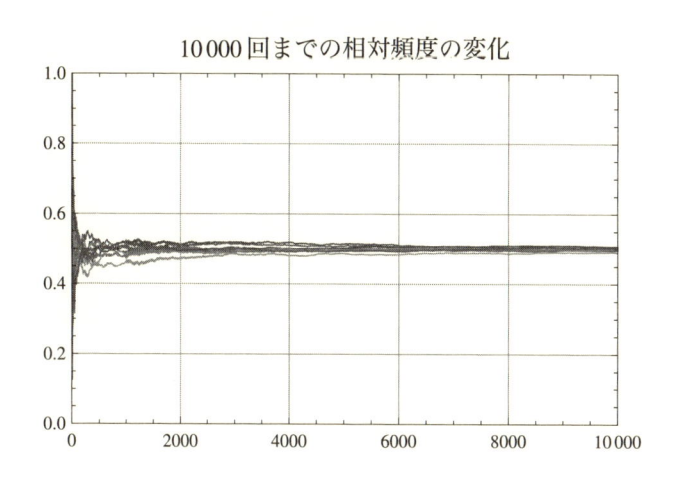

図 3.42: 10000 回までの相対頻度の変化

「$P\Big($ どんなに小さい数 $\epsilon > 0$ についても, 十分大きな数 N がとれて,
$$n > N \text{ について } \left|\frac{S_n}{n} - m\right| < \epsilon \Big) = 1 \text{」} \quad (3.158)$$

わかりやすく次のようにも表せる.

$$P\left(\lim_{n \to \infty} \frac{S_n}{n} = m\right) = 1 \quad (3.159)$$

一般に, このような形で確率変数列 $\frac{S_n}{n}$ が m に収束する場合に, **概収束する**という. 収束する先は定数でなくても, 別の定まった確率変数でもよい. 確率変数列 X_n が確率変数 Y に概収束するとは, 次の式が成り立つことである.

「$P($ どんなに小さい数 $\epsilon > 0$ についても, 十分大きな数 N がとれて,
$$\text{任意の } n > N \text{ について } |X_n - m| < \epsilon) = 1 \text{」} \quad (3.160)$$

同じことであるが, 次のようにも表せる.

$$P\left(\lim_{n \to \infty} X_n = Y\right) = 1 \quad (3.161)$$

このとき，次のように表す．「$X_n \to Y$ 概収束」あるいは，「$X_n \to Y$ as」．

これが，数学で表した「大数の強法則」である．弱法則も強法則も，現実の偶然現象の中の相対頻度の安定性が，数学を用いても，つまり，確率の公理から出発した論理展開でも，見事に表現されたことになる．

こうなると，数学的な新しい理論や法則が発見，証明されると，「現実の現象ではどういうことか」がわかり，新しい現実の偶然現象の事実が発見されることにもなる．

ところで，大数の強法則の証明は，弱法則よりかなり複雑であり，その証明の過程がこれからの学習に必ずしも必要ではないので，本書では証明は省略しておく．

3.11 中心極限定理

3.11.1 2項分布から正規分布へ

1回の試行で事象 A が起きる確率を，$p = P(A)$ とする．n 回目に事象 A が起きたとき1を，起きなかったとき0を対応させる確率変数を X_n とする．$S_n = X_1 + X_2 + \cdots + X_n$ とすると，S_n は，「n 回の試行で事象 A が起きた回数」を表す．

S_n の平均は $E(S_n) = np$，分散は $v = V(S_n) = np(1-p) = npq$ となり，標準偏差は $\sigma = \sqrt{v} = \sqrt{npq}$ となった．

$$Y_n = \frac{S_n - np}{\sqrt{npq}} \tag{3.162}$$

と変換すると，確率変数 Y_n は，平均0，標準偏差1の分布となるのであった．変換した後の分布は図3.43のようになる．ただし，連続分布との対比ができるように，横の尺度と縦の尺度を変換している．

S_n の n は整数値で，1つ飛びにあり，横幅は1となっている．縦の値は，${}_nC_k p^k q^{n-k}$ であり，この値の総和が全確率の1になる．横幅が1なので，この時点では「高さ＝面積」となっている．$\frac{S_n - np}{\sqrt{npq}}$ と変換することにより，横幅

3.11 中心極限定理

が $\frac{1}{\sqrt{npq}}$ に縮小される.同じ面積を保つために,高さの方を $\sqrt{npq}$ 倍に伸ばす必要がある.

そこで,$S_n = x$ となるところでの,高さを,$y_1(n) = {}_nC_k p^k q^{n-k} \times \sqrt{npq}$ とする.

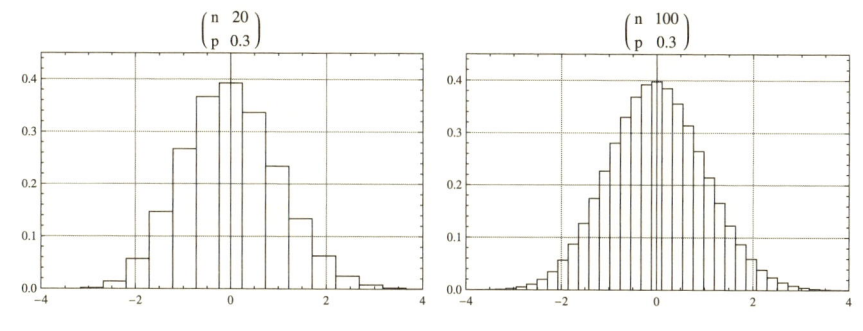

図 3.43: 2 項分布

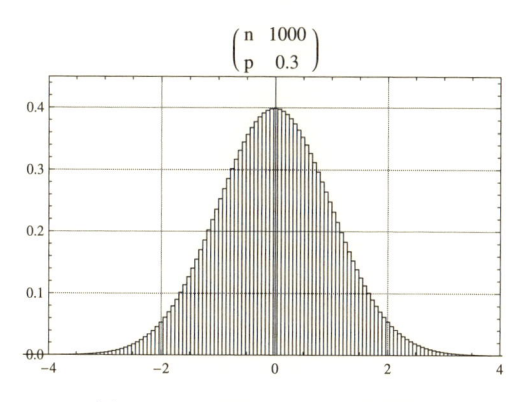

図 3.44: 正規分布に近い 2 項分布

このグラフは平均値が 0 で標準偏差が 1 の標準正規分布とほとんど変わらない.

2 項分布において,p の値にかかわらず,回数 n を増やしていけば,分布は,正規分布に近くなることを表現した定理は,**中心極限定理** と呼ばれる.次の式で

表せる.

$$\lim_{n \to \infty} P\left(a < \frac{S_n - np}{\sqrt{npq}} < b\right) = \frac{1}{\sqrt{2\pi}} \int_a^b e^{-\frac{x^2}{2}} \, dx \qquad (3.163)$$

2項分布の方では, $S_n = x$ となるところでの, 高さを, $y_1(n) = {}_nC_k p^k q^{n-k} \times \sqrt{npq}$ としていた. この値が, 正規分布の方の確率密度関数の y 座標でいえば, $\frac{S_n - np}{\sqrt{npq}} = u$ と置いたときの y 座標, $y_2 = \frac{1}{\sqrt{2\pi}} e^{-\frac{u^2}{2}}$ に等しくなっていくことを示せばよい.

$$\lim_{n \to \infty} y_1(n) = y_2 \qquad (3.164)$$

実は, 中心極限定理はもっと一般的な形で成り立つので, 上のような, 2項分布が正規分布に近くなっていく場合を, ドモアブル・ラプラスの (中心極限) 定理 という場合もある. この場合の証明だけを紹介しておく. 次のことを証明する. ただし, $x = \frac{k - np}{\sqrt{npq}}$ である.

$$\lim_{n \to \infty} \sqrt{npq} \times {}_nC_k p^k q^{n-k} = \frac{1}{\sqrt{2\pi}} e^{-\frac{x^2}{2}} \qquad (3.165)$$

証明する前に, 数値例で両辺を比較してみよう. $n = 100, p = 0.3, k = 28$ のとき, $x = 0.43643\ldots$ となっている. このときの両辺の値は, 左辺 $= \sqrt{npq} \times {}_nC_k p^k q^{n-k} = 0.35565\ldots$ であり, 右辺 $= \frac{1}{\sqrt{2\pi}} e^{-\frac{x^2}{2}} = 0.36270\ldots$ となる. $\frac{右辺}{左辺} = 1.0198\ldots$ となり, 両辺はほぼ等しい.

ここで必要になるのが, 次の, スターリングの公式である.

$$n! \sim n^n \sqrt{2\pi n} \, e^{-n} \qquad (3.166)$$

$\sim$ の具体的な意味は, $n \to \infty$ のとき, 両辺の比が 1 に収束するということである.

$$\lim_{n \to \infty} \frac{n!}{n^n \sqrt{2\pi n} \, e^{-n}} = 1 \qquad (3.167)$$

$n = 20$ のときの分子の値は, 2.4329×10^{18} であり, 分母の値は, 2.42279×10^{18} となり, 比の値は, 1.00418 となる. n を $n = 100$ とすると, 比の値は 1.00083 となり, さらに 1 に近くなる.

スターリングの公式の証明は小林著『ファイナンスと微積分』に譲る.

3.11 中心極限定理

さて，ドモアブル・ラプラスの (中心極限) 定理の証明であるが，特性関数の項を参照されたい．ここでは初等的に，$x = 0$ になるとき，すなわち，$k = np$ で k が整数値になる場合を示しておこう．

$$\begin{aligned}
\text{左辺} &= \sqrt{npq}\frac{n!}{k!(n-k)!}p^k q^{n-k} \\
&= \sqrt{npq}\frac{n!}{(np)!(n-np)!}p^{np} q^{n-np} \\
&= \sqrt{npq}\frac{n!}{(np)!(nq)!}p^{np} q^{nq} \\
&\sim \frac{\sqrt{npq}\, n^n \sqrt{2\pi n}\, e^{-n} p^{np} q^{nq}}{(np)^{np}\sqrt{2\pi np}\, e^{-np}(nq)^{nq}\sqrt{2\pi nq}\, e^{-nq}} \\
&= \frac{\sqrt{npq}\, n^n \sqrt{2\pi n}\, e^{-n} p^{np} q^{nq}}{n^{np}p^{np}\sqrt{2\pi np}\, e^{-np-nq}\, n^{nq}q^{nq}\sqrt{2\pi nq}} \\
&= \frac{1}{\sqrt{2\pi}} \tag{3.168}
\end{aligned}$$

一般の場合の中心極限定理というのは次のような内容である．

定理 3.6 同じ分布をする互いに独立な確率変数列，$X_1, X_2, \cdots, X_n$ がある．共通の平均と分散を，$E(X_k) = m, V(X_l) = v < \infty$ とする．$S_n = X_1 + X_2 + \cdots + X_n$ の平均は nm，分散は nv，標準偏差は $\sqrt{nv}$ となるが，このとき次の式が成り立つ．

$$\lim_{n \to \infty} P\left(a < \frac{S_n - np}{\sqrt{nv}} < b\right) = \frac{1}{\sqrt{2\pi}}\int_a^b e^{-\frac{x^2}{2}}\, dx \tag{3.169}$$

さらに，「同一分布」という条件もなくした一般的な定理の形がたくさんあるが，ここではリアプノフの中心極限定理と呼ばれる形だけ紹介しておこう．

定理 3.7 互いに独立な確率変数列，$X_1, X_2, \cdots, X_n$ がある．$E(X_k) = m_k < \infty$，$V(X_k) = b_k < \infty$，$E\left(|X_k - m_k|^{2+\delta}\right) = c_k^{2+\delta} < \infty$ とし，$B_k^2 = \sum_{j=1}^k b_k$，さらに $C_k = \sum_{j=1}^k c_j^{2+\delta}$ と置く．さらに，$S_n = X_1 + X_2 + \cdots X_n$, $m = m_1 + m_2 + \cdots m_n$ と置く．次の条件をみたすとする．

$$\lim_{n \to \infty} \frac{C_n}{B_n} = 0 \tag{3.170}$$

このとき次の式が成り立つ.

$$\lim_{n\to\infty} P\left(a < \frac{S_n - m}{B_n} < b\right) = \frac{1}{\sqrt{2\pi}} \int_a^b e^{-\frac{x^2}{2}} \, dx \tag{3.171}$$

これらの一般形の中心極限定理を証明するには,「確率分布に関する特性関数」を利用するのが普通である.

3.11.2 特性関数

確率変数 X に対して定まる複素数の関数 $\phi_X(t)$ を, X の **特性関数** と呼ぶ. E は平均 (期待値) である. i は虚数単位で, $i = \sqrt{-1}$, $i^2 = -1$ である.

$$\phi_X(t) = E(itX) \tag{3.172}$$

特性関数が「特性」と呼ばれるゆえんは次の性質があるからである.

「確率変数の分布と特性関数は 1 対 1 に対応している」分布が異なれば異なる特性関数となり, 特性関数から分布を求めることもできる.

特性関数を $\phi(t)$ とするとき, 対応する確率変数 X の分布は次の式で求められる. これをレヴィの反転公式という.

定理 3.8

$$P(a \leq X \leq b) = \frac{1}{2\pi} \lim_{T\to\infty} \int_{-T}^{T} \frac{e^{-ita} - e^{-itb}}{it} \phi(t) \, dt \tag{3.173}$$

(x_k, p_k) の離散分布と, 確率密度関数 $f(x)$ をもつ確率変数の場合, 次のようになる.

$$\phi_X(t) = \begin{cases} \sum_k^n i^{tx_k} p_k & \cdots \text{離散分布の場合} \\ \int_{-\infty}^{\infty} e^{itx} f(x) \, dx & \cdots \text{連続分布の場合} \end{cases} \tag{3.174}$$

連続分布で密度関数が $f(x)$ の場合, 上の式は「$f(x)$ のフーリエ変換」とも呼ばれる.

代表的な分布の特性関数は次のようになっている.

3.11 中心極限定理

(1) 平均が m で,標準偏差が σ の正規分布の特性関数は次のようになる.

$$\phi_X(t) = e^{itm - \frac{\sigma^2}{2}t^2} \tag{3.175}$$

(2) 回数 n, 確率 p からなる 2 項分布の特性関数は次のようになる.

$$\phi_X(t) = (1 - p + pe^{it})^n \tag{3.176}$$

(3) 平均値が λ のポアソン分布に対する特性関数は次のようになる.

$$\phi_X(t) = e^{\lambda}(e^{it} - 1) \tag{3.177}$$

(4) 区間 $[a,b]$ での一様分布に対する特性関数は次のようになる.

$$\phi_X(t) = \frac{e^{itb} - e^{ita}}{it(b-a)} \tag{3.178}$$

特性関数の基本性質として次の関係は重要である.
独立な確率変数 X, Y があるとき,
(1) $Z = aX + b$ の特性関数は次のようになる.

$$\phi_{aX+b}(t) = e^{ibt}\phi_X(at) \tag{3.179}$$

(2) 確率変数の和 $X + Y$ の特性関数は次の性質をもつ.

$$\phi_{X+Y}(t) = \phi_X(t)\phi_Y(t) \tag{3.180}$$

さて,中心極限定理と関係するのは分布の収束である.確率変数列 X_k の収束と,特性関数列 $\phi_n(t)$ の収束との関係は次のようになっている.

はじめに,確率変数列 $X_1, X_2, \cdots, X_n$ が確率変数 X に,**法則収束する**とは,次のことである.

「任意の有界連続関数 $g(x)$ に対して,$E(g(X_k)) \to E(g(X))$ が成り立つ.」
次のことが成り立つ.
「X_n が X に法則収束することと,X_n の確率分布 μ_n の分布関数が X の確率分布 μ の分布関数に収束することと同値である.」
「X_n が X に概収束すれば法則収束する.」
「X_n が X に確率収束すれば法則収束する.」
特性関数の収束との関連では次の定理が成り立つ.

定理 3.9 確率変数列 X_n の確率分布列 μ_n の特性関数を $\phi_k(t)$, 確率変数 X の確率分布を $\mu(t)$ とする. μ_k が μ に法則収束するならば, $\phi_n(t)$ は, $\mu(t)$ に広義一様収束する.

「広義一様収束」については小林著『ファイナンスと微積分』を参照されたい.

定理 3.10 $\phi_k(t)$ を分布関数 μ_k の特性関数とする. $\phi_k(t)$ が各点で $\phi(t)$ に収束し, $\phi(t)$ が原点で連続であれば, μ_k はある分布 μ に収束し, $\phi(t)$ は μ の特性関数となる.

これらの特性関数の性質を使うならば, ドモアブル・ラプラスの (中心極限) 定理を示すためには, 特性関数に関して, 次の関係を証明すればよいことになる. $Z_n = \frac{S_n - n\mu}{\sqrt{npq}}$ の特性関数 $\phi_{Z_n}(t)$ が, $n \to \infty$ のとき, 標準正規分布の特性関数 $\phi(t) = e^{-\frac{t^2}{2}}$ に収束することを示せばよい.

特性関数を利用した, 中心極限定理の証明を紹介しておこう.

$S_n - n\mu = \sum_{k=1}^{n}(X_k - \mu)$, $X_k - \mu = W_k$ と置くと次のようになる. $E(W_k) = 0$, $V(W_k) = E(W_k^2) = \sigma^2 = pq$,

$$Z_n = \sum_{k=1}^{n} \frac{X_k - \mu}{\sqrt{npq}} = \sum_{k=1}^{n} \frac{W_k}{\sqrt{npq}} \tag{3.181}$$

ここで, これらの確率変数の特性関数は次のようになる.

$$\phi_{Z_n}(t) = \phi_{\sum \frac{W_k}{\sqrt{npq}}}(t) = \left(\phi_{\frac{W_k}{\sqrt{npq}}}(t)\right)^n = \left(\phi_{W_k}\left(\frac{t}{\sqrt{npq}}\right)\right)^n \tag{3.182}$$

ここで, 指数関数 e^{ku} の $u = 0$ でのテイラー展開を使う.

$$e^{ku} = 1 + ku + \frac{k^2}{2!}u^2 + o(u^2) \tag{3.183}$$

$k = iuW_k$ を代入すると次のようになる.

$$e^{iuW_k} = 1 + iW_k u + \frac{(iuW_k)^2}{2!} + o(u^2) \tag{3.184}$$

ここで平均値をとる.

$$\phi_{W_k}(u) = 1 + iE(W_k)u + \frac{(iu)^2 E(W_k^2)}{2} + o(u^2)$$

3.11 中心極限定理

$$= 1 - \frac{pq}{2}u^2 + o(u^2) \tag{3.185}$$

ここで, $u = \frac{t}{\sqrt{npq}}$ を代入する.

$$\phi_{W_k}\left(\frac{t}{\sqrt{npq}}\right) = 1 - \frac{t^2}{2n} + o\left(\frac{1}{n}\right) \tag{3.186}$$

ここで, $n \to \infty$ とする.

$$\lim_{n \to \infty} \phi_{Z_n}(t) = \lim_{n \to \infty} \left(1 - \frac{t^2}{2n} + o\left(\frac{1}{n}\right)\right)^n = e^{-\frac{t^2}{2}} \tag{3.187}$$

上の式で, 最後の等式は, 小林著『ファイナンス数学の基礎』で扱った, 次の式を利用している. $k = -\frac{t^2}{2}$ とする.

$$\lim_{n \to \infty} \left(1 + \frac{k}{n}\right)^n = e^k \tag{3.188}$$

得られた極限の関数は, $t = 0$ で連続であり, 標準正規分布の特性関数である.

特性関数の収束から, 2項分布が正規分布に収束することがわかったのである. 特性関数は確率変数の収束等に威力を発揮することがわかる.

演習問題　3

[1] 普通のサイコロを振り，⚀ が出たら 20 円，⚁ が 40 円，⚂ が 60 円，⚃ が 80 円，⚄ が 100 円，⚅ が 120 円，がもらえるゲームがある．サイコロの目に金額を対応させる確率変数 X の確率分布を，表で表せ．

[2] [1] の確率変数 X の累積分布関数を求め，グラフで表せ．

[3] [1] の確率変数 X の平均，分散，標準偏差を求めよ．

[4] 次のような宝くじの賞金を表す確率変数 X の平均，分散，標準偏差を求めよ．

賞金	確率
1000 円	0.04
10000 円	0.03
100000 円	0.02
1000000 円	0.01

[5] 普通のサイコロを 10 回投げたとき，⚅ の出た回数を表す確率変数を X とする．
  (1) X の確率分布を表で表せ．
  (2) (1) の表をグラフで表せ．
  (3) X の平均値を求めよ．
  (4) X の分散を求めよ．
  (5) X の標準偏差を求めよ．

[6] 確率変数 Z が，パラメータ $\mu = 3$ のポアソン分布をする．Z の，平均，分散，標準偏差を求めよ．

[7] 普通のサイコロを投げ，⚅ が 6 回出るまでに，⚅ 以外の目が 3 回出る確率を求めよ．

演習問題 3

[8] 普通のサイコロを投げたとき, 次の問いに答えよ.
　(1) ⚅ が出るまでに, ⚅ 以外の目が 3 回出る確率を求めよ.
　(2) ⚅ が出るまでに, ⚅ 以外の目が出る回数を表す確率変数 X の確率分布を求めよ.
　(3) (2) の結果をグラフで表せ.
　(4) X の平均値, 分散, 標準偏差を求めよ.

[9] 大きな壺の中に, 白玉が 30 個, 黒玉が 20 個, 合計 50 個入っている. この壺から 10 個の玉を取り出す. その中に含まれる白玉の個数を表す確率変数を X とする.
　(1) X の確率分布を表で表せ.
　(2) (1) の表を, グラフに表せ.
　(3) X の平均値を求めよ.
　(4) X の分散を求めよ.
　(5) X の標準偏差を求めよ.

[10] 確率変数 Z は, 平均値 0, 標準偏差 1 の, 標準正規分布をする. 次の確率を, 正規分布表を用いて求めよ.
　(1) $P(0.00 < Z < 2.87)$
　(2) $P(0.34 < Z < 2.87)$
　(3) $P(-0.34 < Z < 2.87)$
　(4) $P(0.34 < Z)$
　(5) $P(Z < 2.87)$

[11] 確率変数 Z は, 平均値 50, 標準偏差 10 の正規分布をする. 次の確率をめよ.
　(1) $P(50 < Z < 59)$
　(2) $P(56 < Z < 62)$
　(3) $P(68 < Z)$
　(4) $P(Z < 72)$

[12] パラメータの値が 2 の指数分布の, 平均値, 分散, 標準偏差を求めよ.

第4章　確率過程の基本

　ファイナンスに関する量は,株価や為替のレートのように,時間の変化とともに刻々と変化していく場合が多い.変化の仕方がランダムでありながら一定の規則性をもっている場合が多い.そのような変化を表すのが確率過程 (stochastic process) である.大きく分けて,時間の変化が離散的な場合と,連続的な場合がある.

4.1　離散時間モデルとランダムウォーク

4.1.1　ランダムウォーク

　時間の変化が離散的というのは,試合の回数で,1回目,2回目,3回目,という場合や,1試合目,2試合目,3試合目,のような場合,また,連続的な時間の中で,1時間後,2時間後,3時間後,という場合だけを扱う場合などである.
　モデルとして,次のようなゲームを考えておく.
　A, B, 2人でゲームをする.はじめの所持金が2人とも,10万円であるとする.何らかのゲーム (硬貨を投げて表か裏か,サイコロを投げて偶数の目か奇数の目, 等) を行い,勝った方は所持金から1万円を相手に渡さなければならないとする.所持金は,「勝てば1万円増え」,「負ければ1万円が減る」という仕組みになっている.
　所持金の変化の例をグラフにいくつか示しておこう.所持金がマイナスになってもどこかから借りてきて,ゲーム (試合) は続行しているとする.
　まず図4.1に5回の結果の例を示す.

4.1 離散時間モデルとランダムウォーク

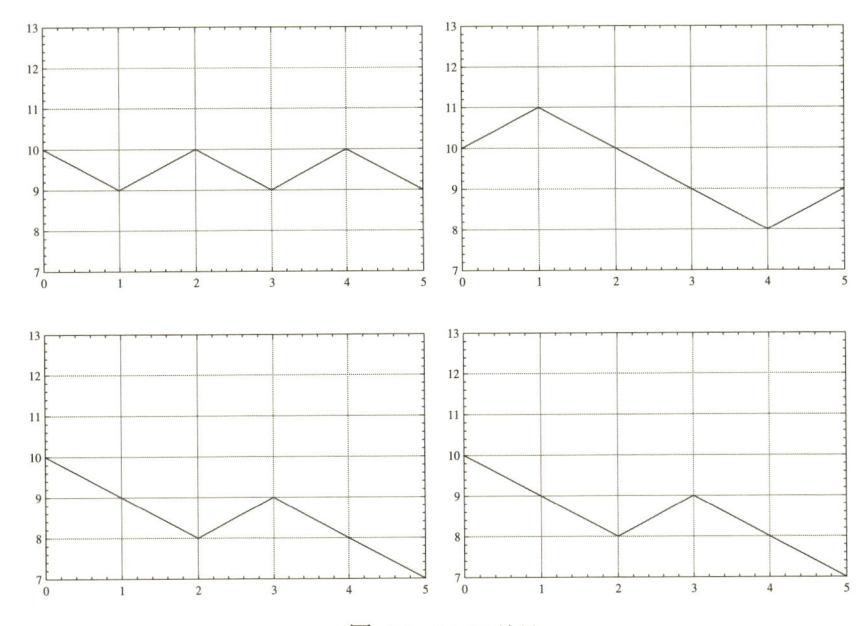

図 4.1: 5 回の結果

次は 100 回の結果の例である.

このような所持金の変化を表す数学的な枠組みとしては次のような確率変数を考えればよい.

ランダムウォークとは, まず, 独立な確率変数列, $X_1, X_2, \cdots, X_n$ が次のような同一の分布をする場合である.

$$P(X_n = +1) = \frac{1}{2}, \qquad P(X_n = -1) = \frac{1}{2} \tag{4.1}$$

n 回が終わった時点での所持金を S_n で表すと, 次のようになっている.

$$S_n = X_1 + X_2 + \cdots + X_n \tag{4.2}$$

S_n の変化のグラフが図 4.1 のグラフである. この S_n がランダムウォークである.

$S_7 = 3$ ということは, 7 回中で何回か表が出て, 何回か裏が出て, その差が 3 ということである. この確率を求めておこう.

図 4.2: 100 回の結果

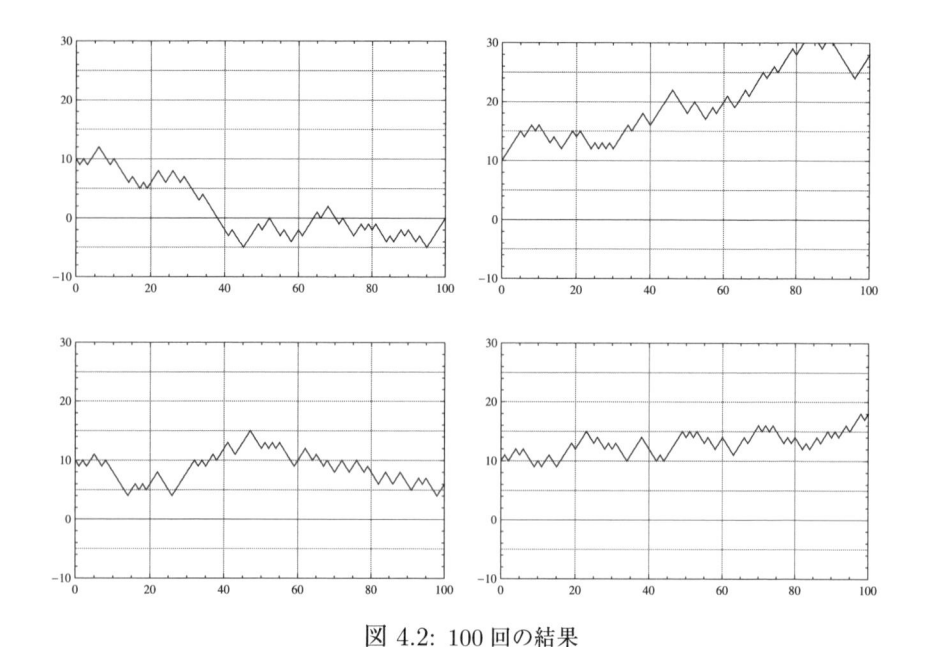

表が出た回数を f, 裏が出た回数を g とすると, 次の式が成り立つ.

$$f + g = 7, \quad f - g = 3 \tag{4.3}$$

この連立方程式を解くと, 表が出た回数が $f = 5$, 裏が出た回数が $g = 2$ であることがわかる. その確率は 2 項分布の計算であるから次のようになる.

$$P(S_7 = 3) = {}_7\mathrm{C}_5 \left(\frac{1}{2}\right)^5 \left(\frac{1}{2}\right)^2 = 0.1640625 \tag{4.4}$$

4.1.2 偏りをもつランダムウォーク

硬貨を投げて, 表が出る確率が, 0.5 より大きい場合のランダムウォークを調べてみよう. 表が出る確率を, 0.6 とし, 裏が出る確率を 0.4 としてみる.

$$P(X_n = +1) = 0.6, \quad P(X_n = -1) = 0.4 \tag{4.5}$$

この場合の実際の実験結果は図 4.3 のようになる.

4.1 離散時間モデルとランダムウォーク

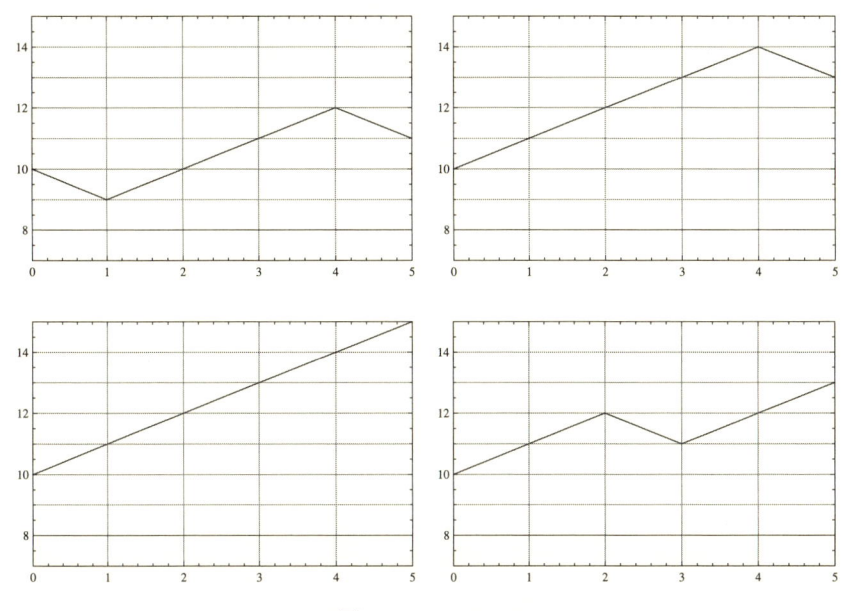

図 4.3: 5 回の結果

次は 100 回の結果の例である．

これらの実験結果から，表の出る確率が 0.5 よりも少し大きいだけで，全体としては，所持金がマイナスになることはほとんどありえないことがわかる．

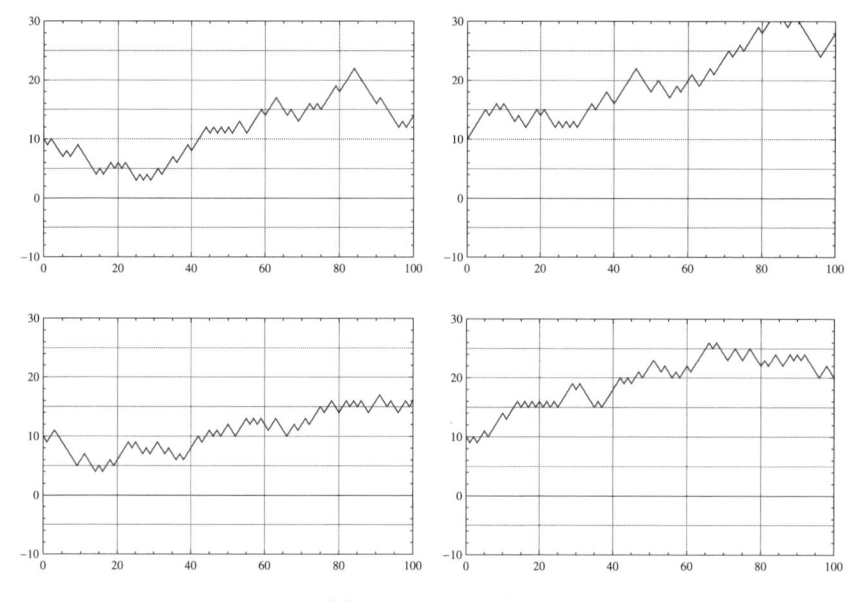

図 4.4: 100 回の結果

4.2 マルコフ連鎖

4.2.1 マルコフ連鎖の定義

確率過程の中で, 時間が離散的である場合に, 確率連鎖という. マルコフ連鎖とは確率連鎖の中で, 現在の時刻から次の時刻での状態へ移行する確率が, 現在の状態だけによって決まっていて, 現在より前の過去の状態には無関係であるという場合である.

以上の概念を数式で表してみよう.

時刻 n における確率連鎖の値, 確率変数を, $X_n(\omega)$ と表す. マルコフ連鎖の定義式は条件付確率を用いて次のように表せる.

$$P(X_{n+1} = x_{n+1} \mid X_n = x_n,\ X_{n-1} = x_{n-1},\ \cdots X_0 = x_0) \\ = P(X_{n+1} = x_{n+1} \mid X_n = x_n) \tag{4.6}$$

4.2 マルコフ連鎖

さらに普通は時間的な一様性をもつマルコフ連鎖を扱う．ある時刻である状態 i にいたとき，次の時刻で状態 j に移行するとき，その確率が時刻に依存しない場合を「時間的に一様なマルコフ連鎖」といったり，「斉時的マルコフ連鎖」という．式で表すと次のようになる．

$$P(X_{n+1} = j \mid X_n = i) = P(X_n = j \mid X_{n-1} = i) \tag{4.7}$$

以後本書ではマルコフ連鎖は斉時的であるとする．

4.2.2 マルコフ連鎖の例

乗用車の買い替えの時，現在のメーカーがどのメーカーかによって，次に買い換えた車のメーカーがどこになるかが確率的に定まっている場合を考えてみよう．話を簡単にするために，車のメーカーは，トヨタ (T)，ニッサン (N)，ホンダ (H)，スズキ (S)，の 4 社が全てとする．また，話を単純化して，10 年経過したら次の新車に乗り換えるとする．

現在所持している車が (T) の人が，次に乗り換える車のメーカーとその確率が次のように定まっているとする．

$$\begin{aligned}
p_{TT} &= P(X_{n+1} = T \mid X_n = T) = 0.4 \\
p_{TN} &= P(X_{n+1} = N \mid X_n = T) = 0.3 \\
p_{TH} &= P(X_{n+1} = H \mid X_n = T) = 0.1 \\
p_{TS} &= P(X_{n+1} = S \mid X_n = T) = 0.1
\end{aligned} \tag{4.8}$$

$P(X_{n+1} = N \mid X_n = T)$ は，T から N への推移確率と呼ばれる．

これを，ベクトルを使って次のように表そう．

$$\begin{array}{c} \\ \text{現在 T} \end{array} \begin{array}{cccc} \text{次回 T} & \text{次回 N} & \text{次回 H} & \text{次回 S} \\ \left(0.4 \right. & 0.3 & 0.2 & \left. 0.1 \right) \end{array} \tag{4.9}$$

同様に，現在ニッサン (N) の人が次に買い換えるメーカーの確率が次のよう

であったとする.

$$\begin{array}{c} \text{次回 T}\quad \text{次回 N}\quad \text{次回 H}\quad \text{次回 S} \\ \text{現在 N}\begin{pmatrix} 0.3 & 0.2 & 0.2 & 0.3 \end{pmatrix} \end{array} \quad (4.10)$$

さらに, 現在ホンダ (H) やスズキ (S) の人が次に買い換えるメーカーの確率が次のようであったとする.

$$\begin{array}{c} \text{次回 T}\quad \text{次回 N}\quad \text{次回 H}\quad \text{次回 S} \\ \text{現在 H}\begin{pmatrix} 0.2 & 0.2 & 0.5 & 0.1 \end{pmatrix} \end{array} \quad (4.11)$$

$$\begin{array}{c} \text{次回 T}\quad \text{次回 N}\quad \text{次回 H}\quad \text{次回 S} \\ \text{現在 S}\begin{pmatrix} 0.4 & 0.3 & 0.2 & 0.1 \end{pmatrix} \end{array} \quad (4.12)$$

以上の確率を行列で表すと次のようになる.

$$P = \begin{array}{c} \text{次回 T}\quad \text{次回 N}\quad \text{次回 H}\quad \text{次回 S} \\ \begin{array}{c}\text{現在 T}\\\text{現在 N}\\\text{現在 H}\\\text{現在 S}\end{array}\begin{pmatrix} 0.4 & 0.3 & 0.2 & 0.1 \\ 0.3 & 0.2 & 0.2 & 0.3 \\ 0.2 & 0.2 & 0.5 & 0.1 \\ 0.4 & 0.3 & 0.2 & 0.1 \end{pmatrix} \end{array} \quad (4.13)$$

これは, 推移確率を行列の形で表したもので, 確率推移行列と呼ばれる. 確率推移行列の特徴は, すべての要素が 0 以上 1 以下の数で, 各行 (横) の和がすべて 1 となることである.

上で示した確率推移行列 P は, 1 回で状態がどのように変わるかの確率を表している.

確率推移行列は, p_{TH} などを用いると次のように表せる.

$$P = \begin{array}{c} \text{次回 T}\quad \text{次回 N}\quad \text{次回 H}\quad \text{次回 S} \\ \begin{array}{c}\text{現在 T}\\\text{現在 N}\\\text{現在 H}\\\text{現在 S}\end{array}\begin{pmatrix} p_{TT} & p_{TN} & p_{TH} & p_{TS} \\ p_{NT} & p_{NN} & p_{NH} & p_{NS} \\ p_{HT} & p_{HN} & p_{HH} & p_{HS} \\ p_{ST} & p_{SN} & p_{SH} & p_{SS} \end{pmatrix} \end{array} \quad (4.14)$$

4.2 マルコフ連鎖

現在トヨタ (T) で, 2 回買い換えたあとにニッサン (N) に変わる確率を求めてみよう. 1 回目にどのメーカーの車を購入するかで, 4 通りがありうる.
$T \to T \to N, \ T \to N \to N, \ T \to H \to N, \ T \to S \to N,$

1 回目の選び方と 2 回目の選び方は独立であると考え, 独立の場合の乗法定理により次のようになる. $P(T \to T)$ とは, $P(X_{n+1} = T \mid X_n = T) = p_{TT}$ のことである.

$$P(T \to T \to N) = P(T \to T) \times P(T \to N)$$
$$= p_{TT} \times p_{TN} = 0.4 \times 0.3$$

以下同様に次のようになる.

$$P(T \to N \to N) = P(T \to N) \times P(N \to N)$$
$$= p_{TN} \times p_{NN} = 0.3 \times 0.2 \tag{4.15}$$
$$P(T \to H \to N) = P(T \to H) \times P(H \to N)$$
$$= p_{TH} \times p_{HN} = 0.2 \times 0.2 \tag{4.16}$$
$$P(T \to S \to N) = P(T \to S) \times P(S \to N)$$
$$= p_{TS} \times p_{SN} = 0.1 \times 0.3 \tag{4.17}$$

2 回で T から N に行く確率は, これらの確率を足したものになり, 次のようになる.

$$\begin{aligned}P(T \to\to N) &= P(T \to T, \ T \to N) + P(T \to N, \ N \to N) \\ &\quad + P(T \to H, \ H \to N) + P(T \to S, \ S \to N) \\ &= p_{TT} \times p_{TN} + p_{TN} \times p_{NN} + p_{TH} \times p_{HN} + p_{TS} \times p_{SN}\end{aligned} \tag{4.18}$$

この計算は, 確率推移行列 P の, 1 行目のベクトルと, 1 列目のベクトルの, 1 番目と 1 番目, 2 番目と 2 番目, 3 番目と 3 番目, 4 番目と 4 番目の要素をかけて加えた計算になっている. これは 2 つのベクトルの内積と呼ばれる計算である.

一般に, 2 つの行列 A, B の, i 行目の横ベクトルと j 列目の縦ベクトルの内積が, かけた行列 AB の i 行 j 列の要素になるのであった.

このことから，現在の車のメーカーが，2回の買い替えでどのメーカーの車になるかを表す確率は，次のように表せる．

$$\begin{pmatrix} p_{TT} & p_{TN} & p_{TH} & p_{TS} \\ p_{NT} & p_{NN} & p_{NH} & p_{NS} \\ p_{HT} & p_{HN} & p_{HH} & p_{HS} \\ p_{ST} & p_{SN} & p_{SH} & p_{SS} \end{pmatrix} \times \begin{pmatrix} p_{TT} & p_{TN} & p_{TH} & p_{TS} \\ p_{NT} & p_{NN} & p_{NH} & p_{NS} \\ p_{HT} & p_{HN} & p_{HH} & p_{HS} \\ p_{ST} & p_{SN} & p_{SH} & p_{SS} \end{pmatrix} = P \times P = P^2 \tag{4.19}$$

P^2 の各要素，すなわち，現在 i というメーカーの車を使用していて，2回の買い替え後に，j というメーカーの車に乗っている確率を，p_{ij}^2 と表す．一般に，はじめの状態を i とし，n 回後に状態 j に推移する確率を，p_{ij}^n と表す．

p_{ij}^2 を p_{ik}^1 で表すと次のようになる．

$$p_{ij}^2 = \sum_{\text{全ての } k} p_{ik}^1 p_{kj}^1 \tag{4.20}$$

4.2.3　チャップマン・コルモゴロフの等式

一般に，マルコフ連鎖のとる値の集合を「状態空間」といって，S で表そう．
ある時刻に状態 i にいたとき，次の時刻に j にいる確率を次のように表す．

$$p_{ij} = P(X_{n+1} = j \mid X_n = i) \tag{4.21}$$

また，はじめに状態 i にいて，時刻 n のとき状態 j にいる確率を次のように表す．

$$p_{ij}^n = P(X_n = j \mid X_0 = i) \tag{4.22}$$

時刻 0 から n の途中の時刻 k のときの状態で区切ると次の式が任意の k について成り立つ．

$$p_{ij}^n = \sum_{r \in S} p_{ir}^k \times p_{rj}^{n-k} \tag{4.23}$$

この式を，マルコフ連鎖のチャップマン・コルモゴロフの等式という．

4.2.4 マルコフ連鎖のサンプルパス

車の買い替えの例でいえば,あるひとりの人が,10 回買い換えるまでにどのようなメーカーの車を購入して使用してきたかを表すのがサンプルパスである.

例えば,田中さんの履歴 $T, N, N, T, H, S, H, T, T, T$ は 1 つのサンプルパスである.確率推移行列を

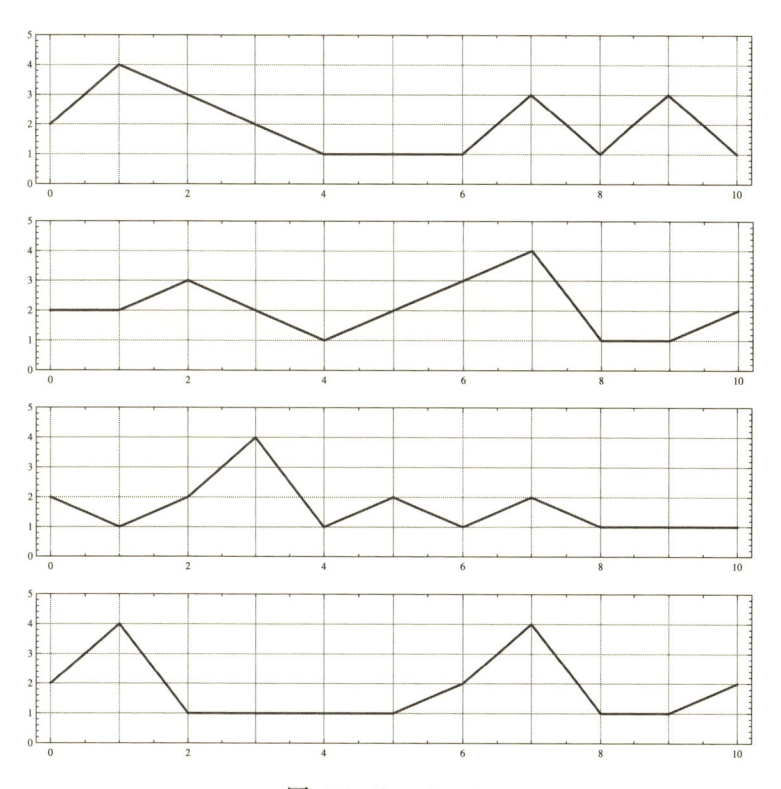

図 4.5: サンプルパス

$$P = \begin{pmatrix} & 次回\,T & 次回\,N & 次回\,H & 次回\,S \\ 現在\,T & 0.4 & 0.3 & 0.2 & 0.1 \\ 現在\,N & 0.3 & 0.2 & 0.2 & 0.3 \\ 現在\,H & 0.2 & 0.2 & 0.5 & 0.1 \\ 現在\,S & 0.4 & 0.3 & 0.2 & 0.1 \end{pmatrix} \quad (4.24)$$

としたとき,出発の状態が N とする 6 人のサンプルパスを $n=10$ まで描いてみると,例えば,図 4.5 のようになる.ただし,横座標は時刻 (第何回目) で縦座標は,$T=1, N=2, H=3, S=4$ としている.

4.2.5　マルコフ連鎖の状態の分類

マルコフ連鎖 $X(t)$ のとる状態 (空間) を $S=\{1,2,\cdots,n,\cdots\}$ とする.$i \in S$ から $j \in S$ へ n 回で到達する推移確率を p_{ij}^n で表す.

i から j へ **到達可能である** あるいは **推移可能である** とは,ある $n \geq 1$ に対して,$p_{ij}^n > 0$ が成り立つ場合である.このとき,$i \to j$ と表す.

$i \to j$ かつ $j \to k$ ならば $i \to k$ となる.つまり,到達可能性は推移率が成り立つ.

$i \to j$ かつ $j \to i$ のとき相互に到達可能であり,$i \longleftrightarrow j$ と表す.この $\longleftrightarrow$ は次の同値関係をみたす.

(1) $i \longleftrightarrow i$
(2) $i \longleftrightarrow j$ ならば $j \longleftrightarrow i$
(3) $i \longleftrightarrow j$ かつ $j \longleftrightarrow k$ ならば $i \longleftrightarrow k$

$i \to j$ かつ $j \not\to i$ となる j が存在するような i を集めて,S の **消散部分** といい F で表す.

$S - F$ をこの同値関係で類に分けたものを **エルゴード類** あるいは,**再帰類** といい,$S = \sum_k E_k$ と表す.1 つのエルゴード類の中ではすべての状態に相互に到達可能であり,他のエルゴード類へは到達できない.

推移行列が次のようなマルコフ連鎖を調べる.

4.2 マルコフ連鎖

$$\begin{array}{c} \quad\quad 1 \quad\; 2 \quad\; 3 \\ \begin{array}{c}1\\2\\3\end{array}\!\begin{pmatrix} 0.2 & 0.8 & 0.0 \\ 0.6 & 0.4 & 0.0 \\ 0.5 & 0.3 & 0.2 \end{pmatrix} \end{array} \tag{4.25}$$

$1 \longleftrightarrow 2$ であることはすぐわかる. $3 \to 1, 3 \to 2$ であるが, $1 \not\to 3, 2 \not\to 3$ であるから, 3 は消散部分である. $\{1,2\}$ は 1 つのエルゴード類をなしている.

今度は推移行列が次のようなマルコフ連鎖を調べる.

$$\begin{array}{c} \quad\quad\;\; 1 \quad\;\; 2 \quad\;\; 3 \quad\;\; 4 \quad\;\; 5 \quad\;\; 6 \quad\;\; 7 \quad\;\; 8 \\ \begin{array}{c}1\\2\\3\\4\\5\\6\\7\\8\end{array}\!\begin{pmatrix} 0.5 & 0.5 & 0 & 0 & 0 & 0 & 0 & 0 \\ 0.5 & 0.4 & 0.1 & 0 & 0 & 0 & 0 & 0 \\ 0 & 0 & 0.5 & 0.5 & 0 & 0 & 0 & 0 \\ 0 & 0 & 0.5 & 0.5 & 0 & 0 & 0 & 0 \\ 0 & 0 & 0 & 0 & 0.4 & 0.6 & 0 & 0 \\ 0 & 0 & 0 & 0 & 0.7 & 0.3 & 0 & 0 \\ 0 & 0 & 0 & 0 & 0 & 0.1 & 0.4 & 0.5 \\ 0 & 0 & 0 & 0 & 0 & 0 & 0.8 & 0.2 \end{pmatrix} \end{array} \tag{4.26}$$

$2 \to 3$ であるが, $3 \not\to 2$ であるから 2 は消散部分の要素である. 同様に, 7, 8 も消散部分の要素である. $3 \leftrightarrow 4$ であるが, 3, 4 からは他に到達できないので 1 つのエルゴード類 $E_{(3,4)}$ を作る. 同様に 5, 6 も 1 つのエルゴード類 $E_{(5,6)}$ となる.

7 または 8 から出発したパスはしばらくするとエルゴード類 $E_{(5,6)}$ に入りそこから外へは出られない.

はじめからエルゴード類にいるパスはその中で推移し外へは出られない.

消散部分がなく $F = \phi$ (空集合) であり, エルゴード類が 1 つだけの場合 $X(t)$ は **既約** あるいは **エルゴード的** であるという.

i なる状態から n ステップではじめて j なる状態に到達する確率を $f(i,j)^{(n)}$ と表す. このとき次の式が成り立つ.

$$p_{ij}^n = \sum_{k=1}^{n} f(i,j)^{(k)} p_{jj}^{(n-k)} \tag{4.27}$$

確率 $f(i,i) = \sum_{k=1}^{\infty} f(i,i)^{(k)}$ は, 状態 i から出たパスがいつかは i に戻ってくる確率を表す.

$f(i,i) = 1$ の状態 i は **再帰的** と呼ばれる. i が再帰的のとき, i から出たパスは i に無限回戻ってくる確率が 1 となる.

$f(i,i) < 1$ の状態 i は **非再帰的** という. i が非再帰的なとき, i から出たパスが i に無限回戻ってくる確率は 0 である.

再帰的と非再帰的の条件を推移確率で表すと次のようになる.

(1) i が再帰的, すなわち $f(i,i) = 1 \longleftrightarrow \sum_{k=1}^{\infty} p_{ii}^k = \infty$

(2) i が非再帰的, すなわち $f(i,i) < 1 \longleftrightarrow \sum_{k=1}^{\infty} p(i,i)^{(k)} < \infty$

i が再帰的で $i \leftrightarrow j$ ならば j も再帰的である. すなわち, あるエルゴード類の1つの状態が再帰的ならばその類のすべての状態が再帰的となる. また, i が非再帰的ならば i が属するエルゴード類の他の状態もすべて非再帰的である.

i, j を同じエルゴード類の状態とする. $\mu(i,j) = \sum_k^{\infty} k f(i,j)^{(k)}$ $(i \neq j)$ を i から j への **平均到達時間** という. $\mu(i,i) = \sum_k^{\infty} k f(i,i)^{(k)}$ を i の **平均再帰時間** という.

i が非再帰的ならば $\mu(i,i) = \infty$ となる. i が再帰的で $\mu(i,i) < \infty$ となるとき **正再帰的** といい, $\mu(i,i) = \infty$ となるとき **零再帰的** という. 平均再帰時間について次の式が成り立ち, この式をみたす μ_{ij} はただ 1 つである.

$$\mu_{ij} = 1 + \sum_{k \neq j} p(i,k) \mu_{kj} \tag{4.28}$$

4.3 マルコフ連鎖の周期と極限分布

状態 i から出発したパスが i に戻る時刻がある整数の倍数 d だけであるとき d を周期という. すなわち, $p(i,i)^{(n)} > 0$ となる n の最大公約数を $d(i)$ と表し, i の **周期** という.

$d(i) \geq 2$ のとき, i を **周期的** であるという. $d(i) = 1$ のとき, i を **非周期的** であるという. 互いに到達可能な再帰的状態は周期が同じであることがわかる.

2つの状態 i と j が再帰的であるとするとき次の関係が成り立つ.

$$i \text{ と } j \text{ が同値, すなわち } i \longleftrightarrow j \text{ ならば } d(i) = d(j) \tag{4.29}$$

4.3 マルコフ連鎖の周期と極限分布

推移確率行列が次のようなマルコフ連鎖は既約で各状態の周期は 2 である．1 から 1 へ戻るのにいろいろな道があるが奇数回では戻れない．

$$\begin{array}{c} \\ 1 \\ 2 \\ 3 \\ 4 \end{array} \begin{pmatrix} 1 & 2 & 3 & 4 \\ 0 & 0 & 1 & 0 \\ 0.4 & 0 & 0 & 0.6 \\ 0.5 & 0 & 0 & 0.5 \\ 0 & 0.7 & 0.3 & 0 \end{pmatrix} \qquad (4.30)$$

サンプルパスを見ると，どの状態から出発しても元の状態に戻るのは偶数回のところだけであるのがわかる．

非周期的で既約な再帰マルコフ連鎖について次の定理が成り立つ．

定理 4.1 任意の状態 i, j に対して，$p(i,j)^{(n)} > 0$ が成り立つような自然数 n が存在する．また，状態 i には依存しない次の極限が定まる．

$$\lim_{n \to \infty} p(i,j)^{(n)} = \pi(j) \qquad (4.31)$$

$\pi(j)$ は次の関係式をみたす．またこの関係式をみたす $\pi(j)$ は式 (4.31) で定義された $\pi(j)$ だけである．

$$\begin{cases} \pi(j) = \sum_{i=1}^{N} \pi(i) p(i,j) \\ \sum_{i=1}^{N} \pi(i) = 1 \end{cases} \qquad (4.32)$$

定理 4.2 $\pi(j)$ は j の平均再帰時間 $\mu(j,j)$ の逆数に等しい．

$$\pi(j) = \frac{1}{\mu(j,j)} \qquad (4.33)$$

周期的であるときは $\lim_{n \to \infty} p(i,j)^{(n)}$ は存在しないが次の定理は成り立つ．

定理 4.3 j が再帰的であるとするとき次の式が成り立つ．

$$\lim_{n \to \infty} \frac{\sum_{k=1}^{n} p(j,j)^{(k)}}{n} = \frac{1}{\mu(j,j)} \qquad (4.34)$$

$$\lim_{n \to \infty} \frac{\sum_{k=1}^{n} p(i,j)^{(k)}}{n} = \frac{f(i,j)}{\mu(j,j)} \qquad (i \text{ は任意}) \qquad (4.35)$$

例 4.1 推移確率行列が次のようになるマルコフ連鎖について $\pi(j)$ を求めてみよう.

$$P = \begin{array}{c} \\ 1 \\ 2 \\ 3 \\ 4 \end{array} \begin{array}{cccc} 1 & 2 & 3 & 4 \\ \begin{pmatrix} 0.5 & 0.2 & 0 & 0.3 \\ 0 & 0.5 & 0.5 & 0 \\ 0.4 & 0 & 0.6 & 0 \\ 0 & 0.4 & 0 & 0.6 \end{pmatrix} \end{array} \tag{4.36}$$

$\pi(j)$ は次の連立方程式を解いて得られる.

$$(x_1, x_2, x_3, x_4) = (x_1, x_2, x_3, x_4) \times P, \quad x_1 + x_2 + x_3 + x_4 = 1 \tag{4.37}$$

$\pi(1) = \frac{1}{4} = 0.25$, $\pi(2) = \frac{1}{4} = 0.25$, $\pi(3) = \frac{5}{16} = 0.3125$, $\pi(4) = \frac{3}{16} = 0.1875$ が求められる. $X(100)$ を 1000 個のサンプルパスについて値を調べ集計すると, $\pi(1) \to 0.245$, $\pi(2) \to 0.256$, $\pi(3) \to 0.325$, $\pi(1) \to 0.174$ という近似値が得られる.

出発点には依存しないし, データの数が多くなればなるほど理論的な計算値に近い値となっていくことがわかる.

ところで, マルコフ連鎖の例としてあげた, 車の買い替えによるメーカーの変化の場合を調べておこう.

$$P = \begin{array}{c} \\ \text{現在 T} \\ \text{現在 N} \\ \text{現在 H} \\ \text{現在 S} \end{array} \begin{array}{cccc} \text{次回 T} & \text{次回 N} & \text{次回 H} & \text{次回 S} \\ \begin{pmatrix} 0.4 & 0.3 & 0.2 & 0.1 \\ 0.3 & 0.2 & 0.2 & 0.3 \\ 0.2 & 0.2 & 0.5 & 0.1 \\ 0.4 & 0.3 & 0.2 & 0.1 \end{pmatrix} \end{array} \tag{4.38}$$

であった. 極限分布 $\pi(j)$ は次の連立方程式を解いて得られる.

$$(x_1, x_2, x_3, x_4) = (x_1, x_2, x_3, x_4) \times P, \quad x_1 + x_2 + x_3 + x_4 = 1 \tag{4.39}$$

解は次のようになる.

$$x_1 = 0.318182, \quad x_2 = 0.246753, \quad x_3 = 0.285714, \quad x_4 = 0.149351 \tag{4.40}$$

10 回後の推移確率 P^{10} を求めると次のようになる.

$$P^{10} = \begin{pmatrix} 0.318182 & 0.246753 & 0.285714 & 0.149351 \\ 0.318182 & 0.246753 & 0.285714 & 0.149351 \\ 0.318182 & 0.246753 & 0.285714 & 0.149351 \\ 0.318182 & 0.246753 & 0.285714 & 0.149351 \end{pmatrix} \tag{4.41}$$

10 回も過ぎると, どこから出発しても極限分布とほとんど同じ確率で各メーカーのシェアが安定することがわかる.

4.4 連続時間モデルとブラウン運動

4.4.1 マルコフ過程

時刻 t が連続的に変化する確率変数 $X(t,\omega)$ が確率過程であるが, 特に重要な確率過程に, マルコフ過程がある.

マルコフ過程の意味は,「今時刻 t である値をとっていて, 今から時間が h 経過したときの確率変数 $X(t+h)$ の取る確率が, t 以前の時刻にどのような値をとったかに依存しない」という性質 (マルコフ性という) をもっているということである.

次の状態が直前だけでなく少し前の結果にも依存してランダムに決まる場合もあるがここでは扱わない.

式で表すと次のようになる. h は任意の数でよい.

$$P(X(t+h) \in A \mid X(s) \in B, \ X(t) = i(\forall s < t)) = P(X(t+h) \in A, \mid X(t) = i) \tag{4.42}$$

また, 推移確率が時刻に依存しないとき, **斉時的** であるという.

$$P(X(t+h) \in A, \mid X(t) = i) = P(X(h) \in A, \mid X(0) = i) \tag{4.43}$$

が, 任意の t について成り立つ.

マルコフ過程 $X(t)$ の $t=0$ のときの分布を **初期分布** といい, $\mu(\ )$ で表す.

$$\mu(A) = P(X(0) \in A) \tag{4.44}$$

$s \leq t$ のとき, $X(s) = x$ という条件のもとで, $X(t) \in A$ となる確率を **推移確率** といい次のように表す.

$$P(s, x, t, A) = P(X(t) \in A \,|\, X(s) = x) \tag{4.45}$$

$x \in A$ ならば $P(s,x,s,A) = 1$ であり, $x \notin A$ ならば $P(s,x,s,A) = 0$ である. 次の定理は連続な場合のマルコフ過程の **チャップマン・コルモゴロフの等式** と呼ばれる. 原理的にはマルコフ連鎖の時と同じである.

定理 4.4 $s < u < t$ なる実数に対して次の式が成り立つ.

$$P(s, x, t, A) = \int_0^\infty P(s, x, u, dy)\, P(u, y, t, A) \tag{4.46}$$

$X(t, \omega)$ は ω を固定すると 1 つの関数となるが, この関数を **見本関数** あるいは **道 (サンプルパス)** という.

見本関数が確率 1 で連続であるマルコフ過程を **拡散過程** という.

ここでは時間的に一様なマルコフ過程を扱う.

定理 4.5 マルコフ過程の推移率 $P(h, x, A)$ について次の仮定をする.

(1) $1 - P(h, x, (x-\varepsilon, x+\varepsilon)) = o(h)$

(2) $\displaystyle\lim_{h \to 0} \int_{x-\varepsilon}^{x+\varepsilon} (y-x)^2 P(h, x, dy) = 2\, a(x) > 0$

(3) $\displaystyle\lim_{h \to 0} \int_{x-\varepsilon}^{x+\varepsilon} (y-x)\, P(h, x, dy) = b(x) > 0$

(4) $\displaystyle\lim_{h \to 0} (P(h, x, (-\infty, \infty)) - 1) = c(x) \leq 0$

(5) $P(h, x, (y, y+dy)) = p(h, x, y)\, dy$

このとき次の式が成り立つ.

$$\frac{\partial p}{\partial t} = -a(x) \frac{\partial^2 p}{\partial x^2} - b(x) \frac{\partial p}{\partial x} - c(x)\, p \tag{4.47}$$

4.4 連続時間モデルとブラウン運動

$$\frac{\partial p}{\partial t} = \frac{\partial^2 a(y)p}{\partial y^2} - \frac{\partial b(y)p}{\partial y} + c(y)\,p \tag{4.48}$$

$P(h, x, y)$ の x の偏微分に関する式 (4.47) を **コルモゴロフの後退方程式** といい, $P(h, x, y)$ の y の偏微分に関する式 (4.48) を **コルモゴロフの前進方程式** という. **フォッカー・プランクの偏微分方程式** ともいう.

ここでは $X(t)$ のとる値は実数としているが, マルコフ過程 $X(t)$ が次の条件をみたすとき **空間的一様** であるという.

$$P(h, x, A) = P(h, x-y, A-y) \tag{4.49}$$

空間的一様なマルコフ過程は次の性質をもつ. 任意の $t_0 < t_1 < t_2 < \cdots < t_n$ に対し $X(t_i) - X(t_{i-1})$ $(i = 1, 2, \cdots, n)$ は独立である.

この性質をもつ確率過程を **加法過程** あるいは **独立増分過程** という. この性質はコンピュータソフトでサンプルパスを描くのに使え, 確率微分方程式に発展する.

$$X(t + dt) = X(t) + dX(t) = X(t) + X(dt) \tag{4.50}$$

4.4.2 ブラウン運動

ブラウン運動については, 小林著『ブラック・ショールズと確率微分方程式—ファイナンシャル微分積分入門』(26 頁から 50 頁) において詳しく述べたので, ここでは最小限のまとめをしておく.

ブラウン運動はランダムウォークから導かれる. 時間 $[0,1]$ の間を幅 dt の小さな区間に分ける. dt の整数倍のところで $\pm\sqrt{dt}$ のジャンプをするランダムウォークを考える. $dt = 0.1$ としたランダムウォークを時間 $[0, 10]$ の間で図示すると図 4.6, 4.7 のようになる.

10 個のパスを同時に表すと全体の変化がわかりやすい.

このランダムウォークにおいて, $dt \to 0$ としていった極限は, 中心極限定理から次のような **ブラウン運動** あるいは **ウィーナー過程** と呼ばれる確率過程になる.

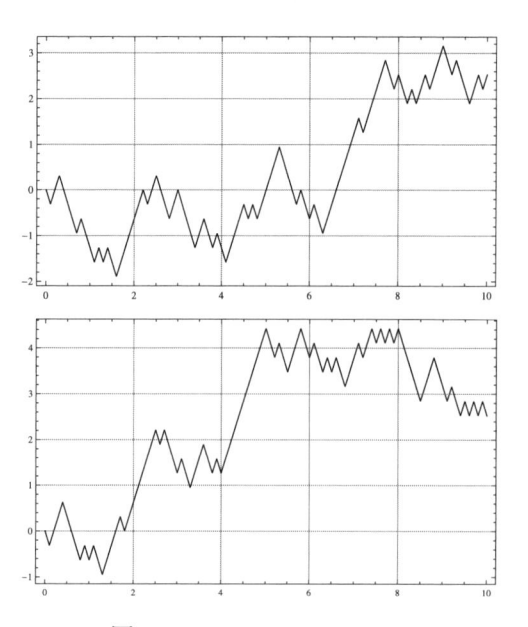

図 4.6: ランダムウォークの例

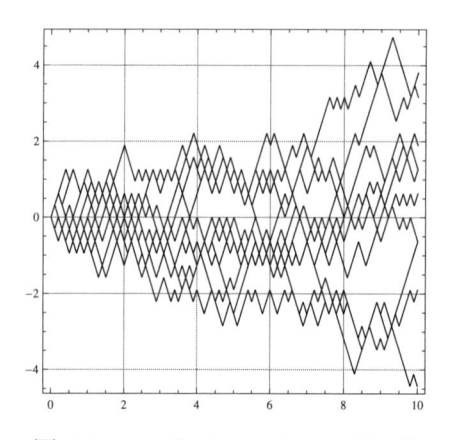

図 4.7: ランダムウォークの 10 個の例

4.4 連続時間モデルとブラウン運動

定義 4.1 確率過程 $B(t,\omega)$ が原点から出発するブラウン運動であるとは,次の条件をみたすときである.
(1) 任意の $0 \leq t_0 < t_1 < \cdots < t_n$ に対し,$B(t_1) - B(t_0), B(t_2) - B(t_1), \cdots, B(t_n) - B(t_{n-1})$, は独立である.
(2) $s < t$ に対して,$B(t) - B(s)$ は平均 0, 分散 $t-s$ の正規分布である.
(3) $B(t,\omega)$ はすべての ω に対して t の連続関数である.
(4) $B(0,\omega) = 0$ が成り立つ.

このブラウン運動の道を描くと図 (4.8) となる. この図は, $[0,1]$ の区間を $dt = \frac{1}{100}$ の幅に分けてそこで平均 0, 分散 dt, 標準偏差 $\sqrt{dt}$ の正規分布からランダムに1つの値を選びそれらを加えてできたものである.

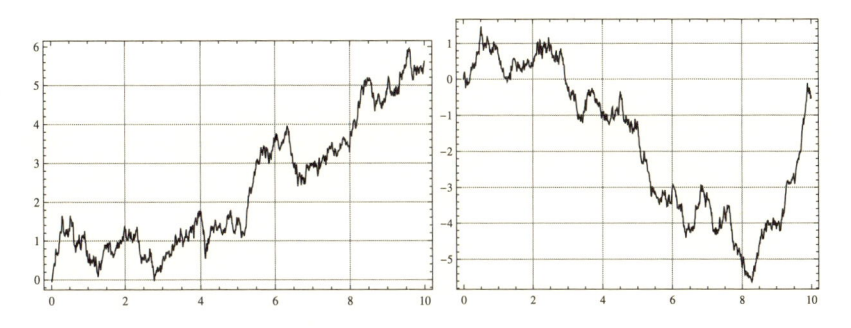

図 4.8: ブラウン運動のパスの例

10 個のブラウン運動の道を同時に表すとその変化がわかりやすい.

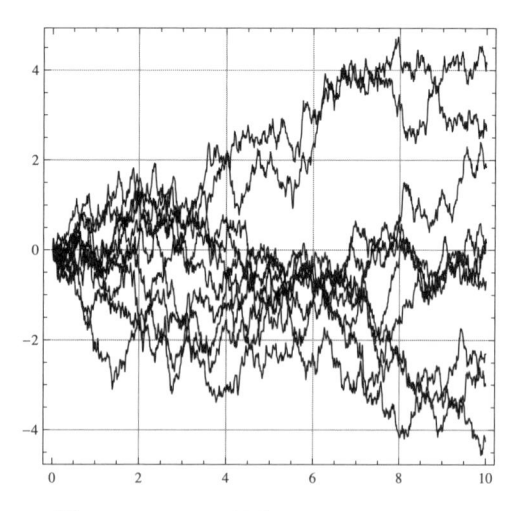

図 4.9: ブラウン運動のパスの 10 個の例

$p(x,t)$ を密度関数とする分布が t とともにどう変わるかをグラフに表す. $t=0.2$ から $t=2$ までを 0.2 刻みで描いたグラフである. 尖っているほど, 0.2 に近い.

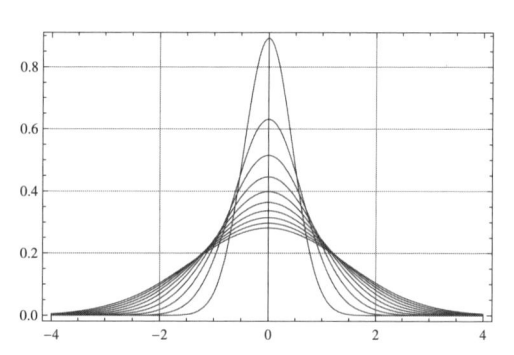

図 4.10: ブラウン運動の時間の経過による分布の変化

さらに進んで, 確率積分, 伊藤の公式, 株価の変動と確率微分方程式, ブラック・ショールズ微分方程式等については, 小林著『ブラックショールズと確率微分方程式—ファイナンシャル微分積分入門』を参照されたい.

演習問題　4

[1] 最初の所持金を 10 円とする．普通の硬貨を投げ，表が出たらプラス 1 円，つまり，所持金が 1 円増加する．裏が出たらマイナス 1 円，すなわち，所持金が 1 円減少する．所持金が 0 円になったときは終り (破産) とし，以後は 0 円のままとする．

硬貨を 20 回投げた時の所持金の変化を記録してグラフに表せ．

[2] 小さい正方形の紙 10 枚を用意し，6 枚には○を記し，4 枚には×を記し，中が見えない袋に入れる．

最初の所持金を 10 円とする．袋から 1 枚取り出し，○だったらプラス 1 円，つまり，所持金が 1 円増加する．×が出たらマイナス 1 円，すなわち，所持金が 1 円減少する．所持金が 0 円になったときは終り (破産) とし，以後は 0 円のままとする．

硬貨を 20 回投げた時の所持金の変化を記録してグラフに表せ．

[3] 問題を簡単にするために，エアコンのメーカーは，パナソニック，三菱電機，ダイキンの 3 社のみとする．

エアコンを買い換えるとき，次にどのメーカーのエアコンを選ぶかは，現在どのメーカーのエアコンを使っているかだけで確率的に定まっているとする．推移確率が次のように定まっているとする．

簡単のために，日立を H，三菱電機を M，ダイキンを D で表す．

$$P = \begin{pmatrix} & 次回\ H & 次回\ M & 次回\ D \\ 現在\ H & 0.4 & 0.3 & 0.3 \\ 現在\ M & 0.3 & 0.2 & 0.5 \\ 現在\ D & 0.2 & 0.2 & 0.6 \end{pmatrix}$$

(1) 2 回買い換えた時の推移確率を表す行列を求めよ．

$$\begin{pmatrix} & 次次回\ H & 次次回\ M & 次次回\ D \\ 現在\ H & ? & ? & ? \\ 現在\ M & ? & ? & ? \\ 現在\ D & ? & ? & ? \end{pmatrix}$$

(2) 10回買い換えたときの確率推移行列を求めよ.

(3) 何回も買い換えた極限の各メーカーの選ばれている確率, すなわち, 極限分布を求めよ.

(4) (2) と (3) の結果の関連について説明せよ.

[4] $B(0) = 0$ なるブラウン運動 $B(t)$ について, 次の問いに答えよ.

(1) $t = 2$ のとき, $B(2)$ はどのような確率分布か. 分布のグラフを描け. また, 平均値, 分散, 標準偏差を求めよ.

(2) $t = 5, s = 2$, $t - s = 3$ のとき, $B(t) - B(s)$ はどのような分布か. 分布のグラフを描け. また, 平均値, 分散, 標準偏差を求めよ.

(3) $B(0) = 0$ から, わずかの時間 $dt = 0.01$ 経過後のブラウン運動の値 $B(dt)$ はどのような値を確率的に取るか. $B(dt)$ の平均値, 分散, 標準偏差を求めよ.

演習問題略解

演習問題 1

[1] (1) 表を 1, 裏を 0 で表す. 例えば次のようになる. 1, 1, 0, 1, 0, 1, 1, 0, 1, 0, 0, 1, 1, 1, 0, 0, 1, 1, 1, 0, 0, 1, 0, 0, 0, 1, 1, 0, 1, 1, 0, 1, 0, 1, 0, 1, 1, 0, 1, 1, 0, 0, 0, 1, 0, 1, 0, 0, 1, 1 表が 27 回, 裏が 23 回起きていた.

(2) 20 人分の表の出た回数は例えば次のようになる. 25, 23, 20, 26, 26, 28, 24, 26, 26, 27, 30, 29, 23, 23, 24, 32, 23, 34, 21, 27

裏の出た回数は次のようになる. 25, 27, 30, 24, 24, 22, 26, 24, 24, 23, 20, 21, 27, 27, 26, 18, 27, 16, 29, 23

(3) 例えば次のようになる. 表 99 回, 裏 101 回.

(4) 99, 99, 95, 107, 99, 101, 102, 105, 86, 103, 105, 91, 95, 96, 109, 92, 99, 95, 98, 95

(5) 50 回の場合 0.5, 0.46, 0.4, 0.52, 0.52, 0.56, 0.48, 0.52, 0.52, 0.54, 0.6, 0.58, 0.46, 0.46, 0.48, 0.64, 0.46, 0.68, 0.42, 0.54

200 回の場合 0.495, 0.495, 0.475, 0.535, 0.495, 0.505, 0.51, 0.525, 0.43, 0.515, 0.525, 0.455, 0.475, 0.48, 0.545, 0.46, 0.495, 0.475, 0.49, 0.475

(6) 50 回の場合の表の出た相対頻度の最大値 0.68, 最小値 0.4 その差は, $0.68 - 0.4 = 0.28$. 裏についても同様.

(7)

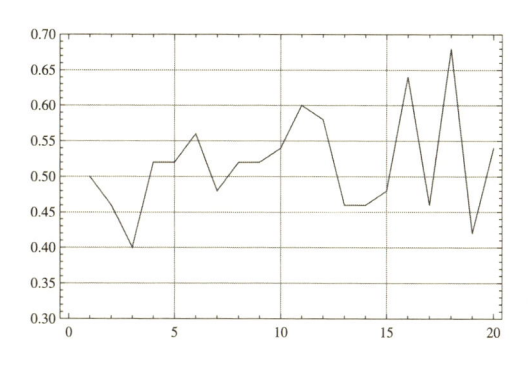

(8) 200 回の場合の表の出た相対頻度の最大値 0.545, 最小値 0.43 その差は, $0.545 - 0.43 = 0.115$. 裏についても同様.

(9)

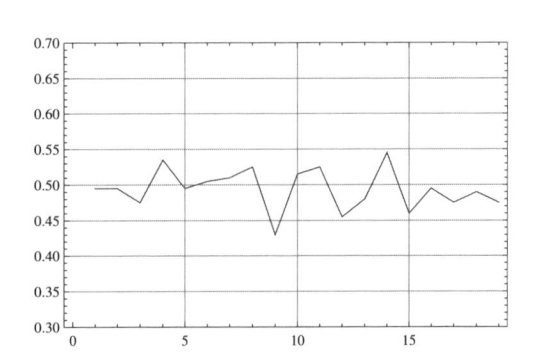

(10) 投げる回数 50 から 200 にを増やすと, 表の出る相対頻度の 20 人による変化が小さくなる. 不規則性が小さくなり, 規則性が大きくなる.

[2] (1) サイコロの目の出た結果は, 例えば次のようになる. 6, 2, 4, 2, 6, 1, 4, 2, 6, 4, 1, 5, 6, 5, 3, 1, 1, 3, 4, 1, 3, 1, 4, 2, 2, 4, 2, 4, 2, 5, 4, 1, 1, 4, 2, 5, 1, 3, 4, 3, 4, 5, 4, 2, 4, 3, 1, 2, 1, 4
⊡ は, 11 回起きていた.

(2) 20 人分の ⊡ の出た回数は例えば次のようになる. 12, 11, 9, 9, 17, 6, 9, 9, 11, 7, 10, 8, 10, 4, 13, 7, 8, 10, 5, 9

(3) 例えば次のようになる. 80 回

(4) 例えば次のようになる. 80, 82, 98, 79, 76, 91, 83, 85, 59, 74, 88, 78, 69, 70, 89, 84, 92, 91, 92, 91

(5) 50 回の場合 0.24, 0.22, 0.18, 0.18, 0.34, 0.12, 0.18, 0.18, 0.22, 0.14, 0.2, 0.16, 0.2, 0.08, 0.26, 0.14, 0.16, 0.2, 0.1, 0.18

500 回の場合 0.175, 0.195, 0.14, 0.18, 0.175, 0.2, 0.14, 0.2, 0.195, 0.155, 0.195, 0.145, 0.195, 0.14, 0.155, 0.195, 0.205, 0.165, 0.185, 0.14

(6) 50 回の場合の ⊡ の出た相対頻度の最大値 0.34, 最小値 0.08 その差は, 0.34-0.08=0.26

(7)

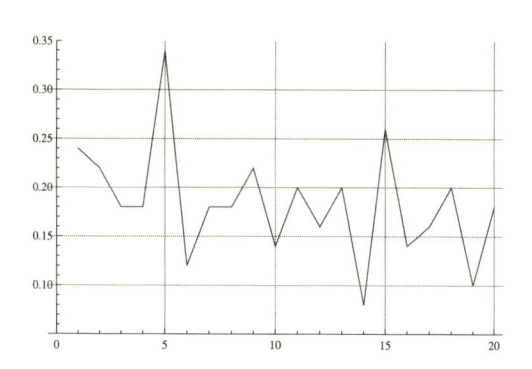

(8) 200 回の場合の ⊡ の出た相対頻度の最大値 0.205, 最小値 0.14 その差は, $0.205 - 0.14 = 0.065$

(9)

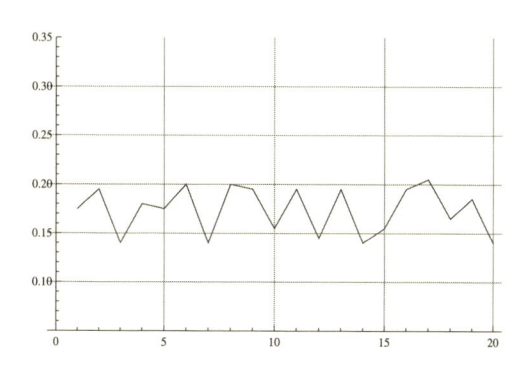

(10) 投げる回数 50 から 500 にを増やすと, ⊡ の出る相対頻度の 20 人による変化が小さくなる. 投げる回数が大きくなると, 不規則性が小さくり, 規則性が大きくなる.

演習問題 2

[1] (1) 確率の値は, 多数回の試行における相対頻度の値が安定していく値であり, 相対頻度が 0 と 1 の間の値であることによる.

(2) (1) と同じで, 相対頻度の値は負にならないからである.

(3) 多数回の試行における, 相対頻度の安定していく値として定めなければならない.

(4) コルモゴロフ自身も, 著書「確率論の基礎概念」において,「現実世界との関連づけ」という項目を設け, 確率の値は, 現実世界では相対頻度の安定していく値と考えるべきであると述べている.

[2] (1) $P(A^C) = 1 - P(A) = 1 - 0.3 = 0.7$

(2) $P(A \cup B) = P(A) + P(B) - P(A \cap B) = 0.5 + 0.6 - 0.2 = 0.9$

(3) $P(A \cap B) = P(A) + P(B) - P(A \cup B) = 0.43 + 0.53 - 0.88 = 0.08$

[3] (1)
$$P(A \cup B \cup C) = P(A) + P(B) + P(C) \\ - P(A \cap B) - P(B \cap C) - P(C \cap A) + P(A \cap B \cap C) \\ = 0.33 + 0.53 + 0.66 - 0.26 - 0.3 - 0.21 + 0.01 = 0.76$$

(2)
$$P(A \cap B \cap C) = P(A \cup B \cup C) - P(A) - P(B) - P(C) \\ + P(A \cap B) + P(B \cap C) + P(C \cap A) \\ = 0.78 - 0.21 - 0.22 - 0.44 + 0.07 + 0.08 + 0.09 = 0.15$$

[4] (1) $P_A(B) = \frac{P(A \cap B)}{P(A)} = \frac{0.3}{0.5} = \frac{3}{5} = 0.6$

(2) $P(A \cap B) = P(A) \cdot P_A(B) = 0.6 \times 0.4 = 0.24$

[5] 不良品の確率 $p = 0.06$, 良品の確率 $= 1 - p = 0.94$,

$$P(5 個の中, 不良品が少なくても 1 個) = 1 - P(5 個すべてが良品) = 1 - 0.94^5 \\ = 0.266096$$

[6] はじめに選んだ部屋にしておいて当たる確率は, 5 つの部屋から当たりの部屋を選択する確率であるから, 容易に, $\frac{1}{5}$ であることがわかる.

演習問題略解

残りの 2 部屋から 1 つを選ぶことにした場合に当たる確率は,「残りの 2 部屋に当たりが入っていて, 確率 $\frac{1}{2}$ で当たりの部屋を選ぶ」ということが必要である. そのためには,「はじめに外れを引いておく」ことが必要で, これは確率 $\frac{4}{5}$ で可能になる. 以上から, 次の計算になる.

$$\frac{4}{5} \times \frac{1}{2} = \frac{2}{5}$$

両者を比較すると,「残りの 2 部屋から 1 部屋を選ぶ方が得」となる.

演習問題 3

[1] (1)

確率変数 X の値 (円)	20	40	60	80	100	120
確率	$\frac{1}{6}$	$\frac{1}{6}$	$\frac{1}{6}$	$\frac{1}{6}$	$\frac{1}{6}$	$\frac{1}{6}$

X の分布関数 $F_X(x) = P(X \leq x)$ は次のようになる.

$$F_X(x) = \begin{cases} 0 & X < 20 \\ \frac{1}{6}, & 20 \leq X < 40 \\ \frac{2}{6}, & 40 \leq X < 60 \\ \frac{3}{6}, & 60 \leq X < 80 \\ \frac{4}{6}, & 80 \leq X < 100 \\ \frac{5}{6}, & 100 \leq X < 120 \\ \frac{6}{6} = 1, & 120 \leq X \end{cases}$$

[2]

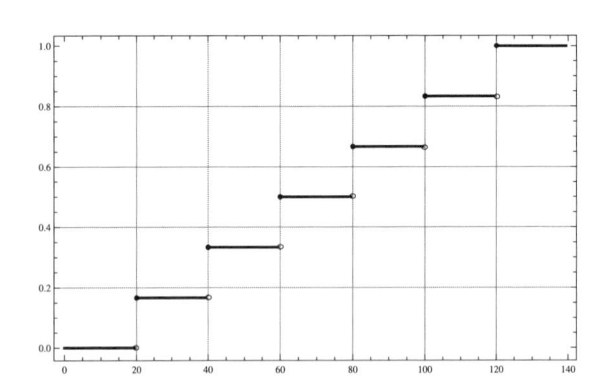

[3] 平均 $E(X) = 20 \times \frac{1}{6} + 40 \times \frac{1}{6} + 60 \times \frac{1}{6} + 80 \times \frac{1}{6} + 100 \times \frac{1}{6} + 120 \times \frac{1}{6} = 70$
分散 $V(X) = E((X-70)^2) = \frac{3500}{3} = 1166.67$
標準偏差 $\sigma(X) = \sqrt{V(X)} = \sqrt{\frac{3500}{3}} = 34.1565$

[4] 平均 $E(X) = 1000 \times 0.04 + 10000 \times 0.03 + 100000 \times 0.02 + 1000000 \times 0.01 = 12340$
分散 $V(X) = E((X-12340)^2) = 9913716360$
標準偏差 $\sigma(X) = \sqrt{E(V(X))} = \sqrt{9913716360} = 99567.6$

[5] (1) X の確率分布, $p = \frac{1}{6}$, $q = 1 - p = \frac{5}{6}$,

確率変数 X	0	1	2	3	4	5	6
確率	q^{10}	$10pq^9$	$45p^2q^8$	$120p^3q^7$	$210p^4q^6$	$252p^5q^5$	$210p^6q^4$
確率	0.16	0.32	0.29	0.155	0.543	0.013	0.0022

確率変数 X	7	8	9	10
確率	$120p^7q^3$	$45p^8q^2$	$10p^9q$	p^{10}
確率	0.00025	0.000019	8.3×10^{-7}	1.65×10^{-8}

(2)

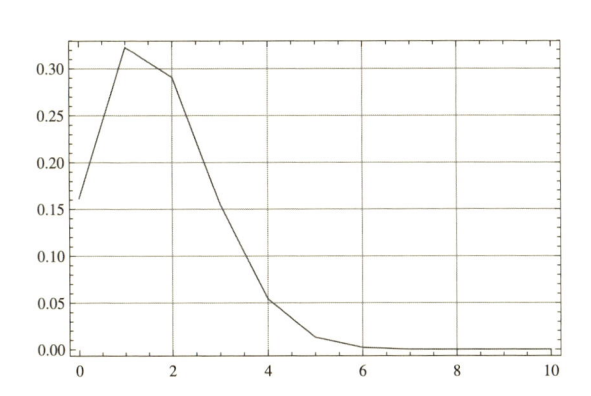

(3) 平均 $E(X) = np = 10 \times \frac{1}{6} = \frac{5}{3} = 1.667$
(4) 分散 $V(X) = npq = 10 \times \frac{1}{6} \times \frac{5}{6} = \frac{25}{18} = 1.38889$
(5) 標準偏差 $\sigma(X) = \sqrt{V(X)} = \sqrt{1.38889} = 1.17851$

[6] 平均値 $E(Z) = \mu = 3$, 分散 $V(Z) = \mu = 3$, 標準偏差 $\sqrt{\mu} = \sqrt{3} = 1.73205$

[7] $k = 6, x = 3, n = 6+3 = 9$ の場合の負の2項分布であるから、$_{n-1}C_x p^k q^x =$ $_8C_3 \left(\frac{1}{6}\right)^6 \left(\frac{5}{6}\right)^3 = \frac{56 \times 5^3}{6^9} = \frac{875}{1259712} = 0.00069$

[8] (1) $p = \frac{1}{6}, q = 1-p = \frac{5}{6}, k = 1, x, n = 1+x$ となる負の2項分布である. x における確率は, $f_1(x) = {_{n-1}C_x} pq^x = pq^x = \frac{1}{6} \times \left(\frac{5}{6}\right)^x$ である.

(2) $x = 20$ までの確率分布は次のようになる.

X	0	1	2	3	4	5	6	7	8	9	10
確率	0.167	0.139	0.116	0.096	0.080	0.067	0.0.056	0.046	0.039	0.032	0.027

X	11	12	13	14	15	16	17	18	19	20
確率	0.022	0.019	0.016	0.013	0.0011	0.009	0.008	0.006	0.005	0.004

(3) $x=20$ までのグラフは次のようになる.

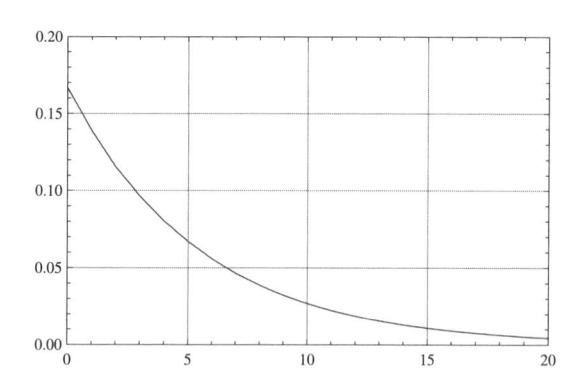

(4) 平均 $E(X) = \frac{q^k}{p} = \frac{q^1}{p} = 5$
分散 $V(X) = \frac{kq}{p^2} = \frac{q}{p^2} = 30$
標準偏差 $\sigma(X) = \frac{\sqrt{kq}}{p} = \sqrt{30} = 5.47723$

[9] (1)

X	0	1	2	3	4	5	6	7	8	9	10
確率	0.000	0.000	0.005	0.031	0.103	0.215	0.280	0.226	0.108	0.028	0.003

(2)

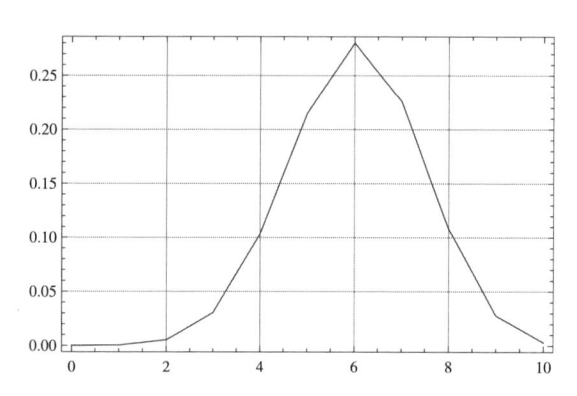

(3) 平均 $E(X) = \frac{Mn}{N} = \frac{30 \times 10}{50} = 6$

(4) 分散 $V(X) = \frac{(N-n)n(N-M)}{(N-1)N^2} = \frac{40 \cdot 10 \cdot 20}{49 \cdot 50^2} = \frac{16}{245} = 0.0653061$

(5) 標準偏差 $\sigma(X) = \sqrt{V(X)} = \sqrt{0.0653061} = 0.255551$

[10] (1) $P(0.00 < Z < 2.87) = 0.4979$

(2) $P(0.34 < Z < 2.87) = P(0 < Z < 2.87) - P(0 < Z < 0.34) = 0.4979 - 0.133 = 0.3649$

(3) $P(-0.34 < Z < 2.87) = P(0 < Z < 0.34) + P(0 < Z < 2.87) = 0.133 + 0.4979 = 0.6309$

(4) $P(0.34 < Z) = 0.5 - P(0 < Z < 0.34) = 0.5 - 0.133 = 0.367$

(5) $P(Z < 2.87) = 0.5 + P(0 < Z < 2.87) = 0.5 + 0.4979 = 0.9979$

[11] X を, 平均 0, 標準偏差 1 の標準正規分布をする確率変数とする.

(1) $P(50 < Z < 59) = P(\frac{50-50}{10} < \frac{Z-50}{10} < \frac{59-50}{10}) = P(0 < X < 0.9) = 0.3159$

(2) $P(56 < Z < 62) = P(\frac{56-50}{10} < \frac{Z-50}{10} < \frac{62-50}{10}) = P(0.6 < X < 1.2) = 0.3849 - 0.2257 = 0.1592$

(3) $P(68 < Z) = P(\frac{68-50}{10} < \frac{Z-50}{10}) = P(1.8 < X) = 0.5 - P(0 < X < 1.8) = 0.5 - 0.464 = 0.036$

(4) $P(Z < 72) = P(\frac{Z-50}{10} < \frac{72-50}{10}) = P(X < 2.2) = 0.5 + 0.486 = 0.986$

[12] 平均 $\frac{1}{\lambda} = \frac{1}{3}$, 分散 $\frac{1}{\lambda^2} = \frac{1}{9}$

演習問題 4

[1] 例えば, 次のような結果になる.

10, 9, 10, 11, 12, 13, 12, 11, 10, 11, 12, 11, 10, 9, 8, 7, 6, 7, 8

グラフに表す.

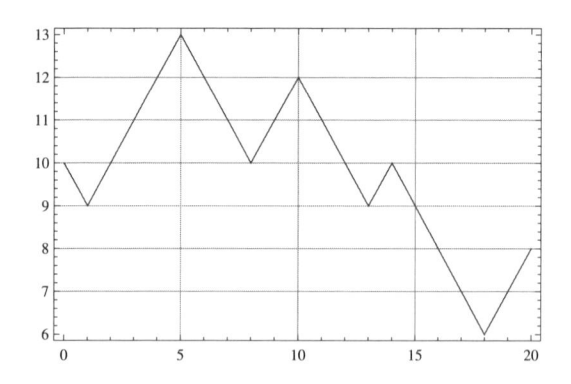

[2] 例えば，次のような結果になる．

10, 9, 10, 11, 12, 13, 14, 15, 16, 15, 16, 15, 16, 15, 16, 17, 16, 17, 18, 19, 20

グラフに表す．

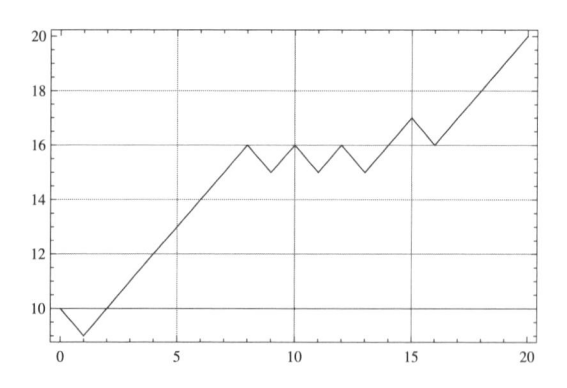

[3] (1)

$$P^2 = \begin{array}{c} \\ \text{現在 H} \\ \text{現在 M} \\ \text{現在 D} \end{array} \begin{pmatrix} \text{次次回 H} & \text{次次回 M} & \text{次次回 D} \\ 0.31 & 0.24 & 0.45 \\ 0.28 & 0.23 & 0.49 \\ 0.26 & 0.22 & 0.52 \end{pmatrix}$$

(2)
$$P^{10} = \begin{array}{c}\text{現在 H} \\ \text{現在 M} \\ \text{現在 D}\end{array}\begin{pmatrix} \overset{\text{10回後 H}}{0.278481} & \overset{\text{10回後 M}}{0.227848} & \overset{\text{10回後 D}}{0.49367} \\ 0.278481 & 0.227848 & 0.493671 \\ 0.278481 & 0.227848 & 0.493671 \end{pmatrix}$$

(3)
$\pi(j)$ は次の連立方程式を解いて得られる.

$$(x_1, x_2, x_3) = (x_1, x_2, x_3) \times P, \qquad x_1 + x_2 + x_3 = 1$$

$x_1 = 0.278481$, $x_2 = 0.227848$, $x_3 = 0.493671$

(4) 10回も買い換えると, 極限分布と等しくなってきて, 各メーカーのシェアの割合と等しくなってくる.

[4] (1) 平均値が0で, 分散が2の正規分布をする. グラフは次のようになる.

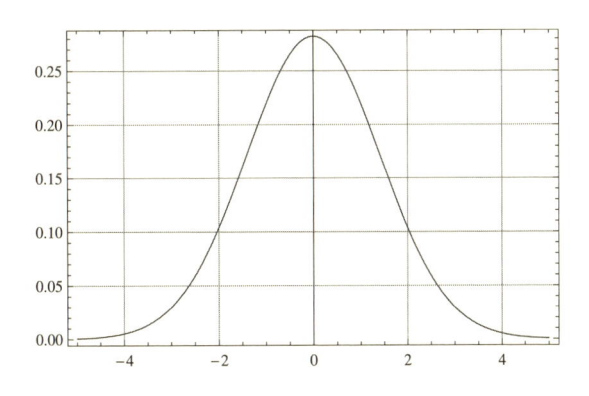

平均値0, 分散2, 標準偏差 $\sqrt{2} = 1.41421$

(2) 平均値0, 分散 $t - s = 5 - 2 = 3$, 標準偏差 $\sqrt{3} = 1.7320508$ の正規分布をする. グラフは次のようになる.

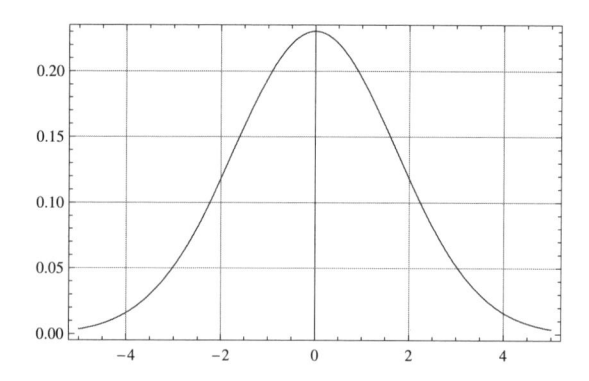

(3) 平均値 0, 分散 0.01 の正規分布をする. 標準偏差は, $\sqrt{0.01} = 0.1$ である.

索　引

ア　行

1次元確率分布　35
一様分布　76

ウィーナー過程　115

エルゴード的　109
エルゴード類　108

カ　行

概収束する　87
拡散過程　114
確率　8
確率過程　98
確率空間　10
確率事象　8
確率収束する　86
確率の公理　10
確率分布　51
確率変数　34
確率変数の確率分布　51
確率変数の定める分布　35
可積分　48
株価変動の規則性　2
加法族　10
ガンマ分布　81

期待値　42
既約　109

空事象　8

偶然性　1

コーシー分布　78
コルモゴロフの後退方程式　115
コルモゴロフの前進方程式　115

サ　行

再帰的　110
再帰類　108
差事象　9
3囚人問題　29
サンプルパス　107, 114

時間的に一様なマルコフ連鎖　103
σ-加法族　10
事象　8
支持率　20
指数分布　77
周期　110
条件付確率　11, 13
証言の信頼性　20
消散部分　108
乗法定理　13
初期分布　114

推移確率　114
推移可能　108
スターリングの公式　90

正規分布　68
正再帰的　110
斉時的　113

斉時的マルコフ連鎖　103
積事象　8
全確率の定理　17
全事象　8

相対度数　3
相対頻度　3
相対頻度の安定性　3

タ　行

大数の強法則　4, 86
大数の弱法則　3, 82
大数の法則　3, 82

チェビシェフの不等式　84
チャップマン・コルモゴロフの等式
　　　106, 114
中心極限定理　89

到達可能　108
特性関数　92
独立である　14
ドモアブル・ラプラスの (中心極限) 定
　　理　90

ナ　行

2 項分布　51, 52
2 項分布の平均　53

ハ　行

排反事象　9

非再帰的　110
非周期的　110
必然性　1
非復元抽出　12
標準正規分布　73
標準偏差　43, 54, 59
標本空間　8

フォッカー・プランクの偏微分方程式
　　　115
負の 2 項分布　62
ブラウン運動　115
不良品　21
分散　42, 54
分散の加法性　50
分布関数　37

平均　42, 59
平均再帰時間　110
平均値　47, 54
平均値の乗法定理　49
平均到達時間　110
平均 (期待値) の線形性　48
平均の単調性　48
ベイズの定理　16
ベータ分布　80
ベルトランのパラドックス　22

ポアソン分布　56
法則収束する　93
補事象　8
ボレル可測関数　48
ボレル集合族　36

マ　行

マルコフ過程　113
マルコフ連鎖　102

道　114
密度関数　36
見本関数　114

モンティ・ホールの問題　26

ヤ　行

陽性反応　18
余事象　8

ラ 行

ランダムウォーク　98

リアプノフの中心極限定理　91
離散確率分布　35

累積分布関数　37

零再帰的　110
レヴィの反転公式　92
連続確率分布　36

ワ 行

和事象　8

著者略歴

小林道正（こばやし みちまさ）

1942年　長野県に生まれる
1966年　京都大学理学部数学科卒業
1968年　東京教育大学大学院修士課程修了
現　在　中央大学名誉教授

〈主な著書〉
『Mathematicaによる微積分』朝倉書店, 1995.
『Mathematicaによる線形代数』朝倉書店, 1996.
『Mathematicaによるミクロ経済学』東洋経済新報社, 1996.
『Mathematica微分方程式』朝倉書店, 1998.
『Mathematica確率』朝倉書店, 2000.
『グラフィカル数学ハンドブックⅠ』朝倉書店, 2000.
『ブラック・ショールズと確率微分方程式』朝倉書店, 2003.
『よくわかる微分積分の基本と仕組み』秀和システム, 2005.
『よくわかる線形代数の基本と仕組み』秀和システム, 2005.
『カンタンにできる数学脳トレ！』実業之日本社, 2007.
『知識ゼロからの微分積分入門』幻冬舎, 2011.
『基礎からわかる数学 1. はじめての微分積分』朝倉書店, 2012.
『基礎からわかる数学 2. はじめての線形代数』朝倉書店, 2012.
『基礎からわかる数学 3. はじめての確率・統計』朝倉書店, 2012.

ファイナンスと確率

定価はカバーに表示

2014年10月10日　初版第1刷

著　者　小　林　道　正
発行者　朝　倉　邦　造
発行所　株式会社　朝　倉　書　店

東京都新宿区新小川町 6-29
郵便番号　162-8707
電　話　03(3260)0141
ＦＡＸ　03(3260)0180
http://www.asakura.co.jp

〈検印省略〉

© 2014 〈無断複写・転載を禁ず〉　　　中央印刷・渡辺製本

ISBN 978-4-254-29023-3　C 3050　　Printed in Japan

JCOPY　＜(社)出版者著作権管理機構　委託出版物＞

本書の無断複写は著作権法上での例外を除き禁じられています．複写される場合は，そのつど事前に，(社)出版者著作権管理機構（電話 03-3513-6969, FAX 03-3513-6979, e-mail: info@jcopy.or.jp) の許諾を得てください．